Buzdağımız Eriyor

JOHN KOTTER
Holger Rathgeber

Telif Hakkı © 2005 John Kotter - Holger Rathgeber
2009 BUTİK YAYINCILIK VE KİŞİSEL GELİŞİM HİZ. TİC. LTD. ŞTİ

Bu kitabın tüm yayın hakları Türkiye'de BUTİK Yayınları'na aittir.
Tanıtım için yapılacak kısa alıntılar dışında
yayıncının izni olmaksızın hiçbir yolla çoğaltılamaz.

Eserin Orijinal ismi
"OUR ICEBERG IS MELTING"
olup eser bire bir olarak çevrilmiştir.

Editör: Pantha Nirvano
İngilizce Orjinalinden Çeviren: Ayşe Savaş

Dizgi, Mizanpaj
Ajans Plaza Tanıtım ve İletişim Hizmetleri Ltd. Şti.
Tel: 0.212.612 85 22

Baskı, Cilt

BUTİK YAYINCILIK VE KİŞİSEL GELİŞİM HİZ. TİC. LTD. ŞTİ.
Davutpaşa Cad. Emintaş Kazım Dinçol San. Sit. No: 81/260
Topkapı - İstanbul Tel: 0212.612 05 00 Fax: 0212.612 05 80
www.butikyayincilik.com • info@butikyayincilik.com

Önsöz

Dr. Spencer Johnson.
Peynirimi Kim Aldı'nın yazarı
Bir Dakika Yöneticisi'nin ortak yazarı

Bu harikulâde kitap okuması ve anlaması çok kolay basit bir fabl olarak görünüyor. Ama bu sadece buzdağının su üzerindeki bölümüdür.

Harvard İşletmecilik Okulu'nda John Kotter ile beraber çalışırken onun organizasyon değişiklikleri konusunda dünyadaki en bilgili kişi olduğunu öğrendim. Dünyanın her yerinde, Kotter'in çok beğenilen Değişimi Yönetmek kitabını okuyan liderler ve üst düzey yöneticileri, onun Sekiz Adımını atmanın başarılı bir organizasyon değişikliğini garantilemenin en iyi yolu olduğunu görmüşlerdir.

Bunun birçoğumuz için anlamı nedir?
Herhangi bir organizasyonda çalışan ve Buzdağımız Eriyor'u okuyan herkes, ki bu insanların çoğu demektir, o sekiz adımı atmayı ve bu değişim çağında daha başarılı olmayı keşfediyor.

Buzdağımız Eriyor

Profesör Kotter ve onun kadar yaratıcı olan ortak yazarı Holger Rathgeber bize bir penguen grubunun görünüşte bilmeyerek bu adımları zor şartlar altında nasıl attıklarını gösteriyor.

İster bir işte çalışıyor ister hayatla uğraşıyor olun, tepe yöneticilerden lise öğrencilerine kadar herkese bu öyküden kazandıkları çok yarar sağlar.

Bu öyküyü zevkle okurken kendinize, "Benim 'buzdağım' nedir ve bu öyküden öğrendiklerimi nasıl kullanabilirim?" diye sorabilirsiniz.

Ve sonra bu bilgileri beraber çalıştığınız kişilerle paylaşmak isteyebilirsiniz. Herkesin elbirliğiyle yaptığı işler çoğunlukla daha iyi netice verir.

Buzdağımız Eriyor

Buzdağımız Asla Erimeyecek

Bir varmış bir yokmuş, buz kesilmiş Güney Kutbu'nda, bugün Cape Washington dediğimiz yere yakın bir buzdağında yaşayan bir penguen kolonisi varmış.

Buzdağı çok uzun senelerdir oradaymış. Çevresindeki denizde yiyecek bolmuş. Yüzeyindeki görkemli, ezelden beridir var olan kardan duvarlar penguenleri korkunç kış fırtınalarından koruyormuş.

Hafızalarını yokladıkları zaman, yılların gerisine ne kadar giderlerse gitsinler, en yaşlı penguenler bile, daima o buzdağının üzerinde yaşadıklarını hatırlıyorlarmış. Olacak şey değil ama, onların bu kar ve buz dünyasını bulabilseydiniz, size, "Burası bizim yurdumuz," diyeceklerdi, "ve daima yurdumuz olacaktır," diyerek sözlerine kendi görüş açılarından gayet mantıklı bir ekleme yapacaklardı.

Onların yaşadığı yerde, enerji savurganlığı ölüm demektir. Yaşamak için birbirlerine sokulmaları gerektiğini kolonideki herkes bilirdi. Böylelikle birbirlerine güvenmeyi öğrenmişlerdi. Çoğu zaman büyük bir aile gibi davranıyorlardı (bu hem iyi, hem de kötü olabilir elbette).

Bu kuşlar gerçekten çok güzeldi. Güney Kutbu'nda yaşayan on yedi hayvan türünün en büyükleri olan bu İmparator Penguenleri, ömürleri boyunca sürekli smokin giyiyormuş gibi görünüyorlardı.

Kolonide tam iki yüz altmış sekiz penguen vardı. İçlerinden biri Fred'di.

Fred diğerlerine çok benziyor ve diğerleri gibi davranıyordu.

Buzdağımız Eriyor

Hayvanlardan hoşlanmamak gibi bir huyunuz yoksa onu ya "sevimli" ya da "ağırbaşlı" diye tanımlayabilirdiniz. Ama Fred çok önemli bir bakımdan penguenlerin çoğundan farklıydı.

Fred görülmemiş derecede meraklı ve dikkatliydi.

Bu Fred'dir.
Denizi seyrediyor.

Diğer penguenler denizdeki yaratıkları avlamaya çıkarlardı – Antarktika'da başka yiyecek olmadığından bu çok gerekliydi. Fred daha az avlanır, buzdağını ve denizi daha çok incelerdi.

Diğer penguenler arkadaşları ve aileleriyle vakit geçirirlerdi. Fred iyi bir baba ve kocaydı ama başka penguenlerle ortalamanın altında oyalanıyordu. Gözlediği şeyleri not etmek için sık sık başını alıp giderdi.

Fred'in acayip bir kuş olduğunu düşünebilirsiniz, belki de diğerlerinin pek beraber vakit geçirmek istemediği bir tip olduğunu. Ama bu ona haksızlık etmek olur. Fred sadece doğru olduğunu düşündüğü şeyi yapıyordu. Sonuçta da, gördüklerinden gittikçe daha çok dehşete düşüyordu.

Fred'in gözlemleri, fikirleri ve çıkardığı sonuçlarla tıka basa dolu bir evrak çantası vardı. (Evet, bir evrak çantası çünkü bu bir masaldır.) İçindeki bilgiler gittikçe daha endişe verici oluyordu. Toplamış olduğu bilgi bas bas bağırmaya başlamıştı:

Buzdağı Eriyor ve Yakında Parçalanabilir!!

Aniden birçok parçaya ayrılan bir buzdağı penguenler için korkunç bir felâket olurdu, hele kışın, güçlü bir fırtına esnasında bölünüverirse. Yaşlı ve çocuk sayılan penguenlerin çoğu kesinlikle ölürlerdi. Neler olabileceğini tam olarak kim bilebilirdi ki? Bütün akla sığmayan, düşünülemez olaylar için olduğu gibi böyle bir afet karşısında da ne yapılacağına dair hiçbir plân yoktu.

Fred kolay kolay paniğe kapılmazdı. Ama gözlemlerini ne kadar çok incelerse o kadar çok korkuyordu.

Bir şey yapmak zorunda olduğunu biliyordu. Ama resmen bildiriler yazacak veya diğerlerine nasıl hareket etmeleri gerektiğini söyleyecek yüksek bir mevkide bulunmuyordu. Koloninin liderlerinden biri değildi. Koloninin liderlerinden birinin oğlu, kardeşi veya babası bile değildi. Ve sözüne güvenilir bir buzdağı tahmincisi olarak tanınmasını sağlayacak bir iş deneyimi de yoktu.

Fred buzdağının gittikçe daha narinleştiğine dikkat çekmeye çalıştığı zaman Yurttaş Harold'a nasıl davranıldığını da hatırladı. Hiç kimse ilgi göstermeyince Harold bazı kanıtlar toplamaya çalışmıştı, ama zahmetlerine karşılık ona şöyle demişlerdi:

"Harold, sen çok evhamlısın.

Bir kalamar ye, kendini daha iyi hissedersin."

"Narin mi?! Kolay incinebilir, kolayca kırılabilir mi?! Atlayıp, zıpla Harold.

Hadi elli kişi hep birden, aynı anda zıplayalım. Bir şey oldu mu? Ha?"

"Gözlemlerin çok ilginç Harold. Ama dört ayrı şekilde yorumlanabilirler. Bak, eğer şöyle bir varsayımda..."

Bazı kuşlar hiçbir şey söylemediler ama Harold'a başka türlü davranmaya başladılar. Değişim belli belirsizdi, ama Fred değişikliği görmüştü. Kesinlikle iyi yönde değildi.

Fred yapayalnız olduğunu hissetti.

Şimdi Ne Yapmalıyım?

Koloninin bir Liderler Konseyi vardı. Aynı zamanda, Şef Penguen'in başkanlık ettiği Onlar Grubu diye bilinirdi. (Gençler bu gruba başka bir isim daha takmışlardı ama şimdi sırası değil.) Alice yönetim görevi yüklenmiş bu on kişiden biriydi. Çetin cevizdi. İşleri halletmekle ün salmış, pratik bir zekâsı olan tecrübeli bir kuştu. Aynı zamanda, kendilerini koloniden uzakta tutan bazı konsey üyelerinin aksine, koloniye yakınlık gösterirdi. Aslında bütün o mevkideki penguenler bir parça mesafeli görünürlerdi, ama hepsi öyle davranmazlardı.

Alice'in anlatacaklarını dikkate alma olasılığının diğer yaşlı penguenlerden daha fazla olacağına karar veren Fred onunla konuşmaya gitti. Göreceği kişi Alice olduğundan randevu alması gerekmemişti.

Fred ona incelemelerini ve vardığı sonuçları anlattı. Alice, gerçeği söylemek gerekirse, Fred'in kişisel bir problemi olup olmadığını merak etti ama onu dikkatle dinledi.

John Kotter - Holger Rathgeber

Buzdağımız Eriyor

Ama...Alice, Alice olduğu için Fred'in söylediklerini anlamazlıktan gelmedi. Aksine, şüphe bırakmamak için ondan kendisini problemin en belirgin şekilde görüldüğünü düşündüğü yere götürmesini istedi.

O "yer" erimenin ve sonuçlarının güçlükle görüldüğü buzdağının üst yüzeyinde değildi. Altında ve içerideydi. Fred bunu Alice'e anlattı. Alice dinledi ve en sabırlı kuşlardan olmadığı için, "Tamam, tamam. Haydi gidelim," dedi.

Penguenler suya daldıkları zaman saldırıya açık olurlar çünkü leopar fokları ve katil balinalar dikkatsiz kuşları yakalamak için saklanırlar. Çarpıcı ayrıntılar üzerinde fazla durmadan bir katil balina veya leopar fokuna yem olmayı istemezsiniz demekle yetinelim. Bu nedenle Fred ve Alice denize atladıkları zaman içgüdüsel olarak dikkat kesildiler.

Su yüzeyinin altında, Fred çatlaklara ve erimenin neden olduğu diğer bariz bozulma belirtilerine işaret etti. Alice bu kıyamet alâmetlerine nasıl aldırmamış olduğuna şaştı kaldı.

Buzdağının yan duvarlarından birindeki büyük bir delikten içeri giren Fred'i takip etti. Birkaç metre enindeki bir kanaldan geçerek buzun derinliklerine, kalbine doğru yüzdüler ve nihayet su dolu geniş bir alana geldiler.

Alice gördüklerini tamamen anlıyormuş gibi davranmaya çalışıyordu ama onun uzmanlık alanı liderlikti, buzdağı bilimi değil. Fred onun gözlerindeki ifadeden zihninin karışmış olduğunu anladığı için geri döndükleri zaman açıklamada bulundu.

Uzun lâfın kısası –

Buzdağları bardaklarımıza koyduğumuz minik buz küpleri gibi değildir. Dağların içinde kanal ismi verilen yarıklar olabilir. Kanallar da mağara denilen büyük hava kabarcıkları ile son bulabilirler. Eğer buz yeterli derecede erirse, deniz suyu içeri girip bu kanallara ve mağaralara dolacaktır.

Soğuk bir kış süresinde, suyla dolmuş olan dar kanallar çabucak donar ve deniz suyu mağaraların içinde hapsolur. Sıcaklık düştükçe, mağaralardaki su da donacaktır. Donan bir sıvının hacmi önemli ölçüde genişlediği için böylece bir buzdağı parçalanabilir.

Birkaç dakika içinde Alice, Fred'in neden bu kadar endişelendiğini anlamaya başladı. Problemin varabileceği korkutucu boyutlar?..

Gördükleri kesinlikle hayra alâmet değildi.

Alice belli etmese de sarsılmıştı. Metanetini kaybetmeye başladığını gösterecek yerde Fred'e soru üstüne soru sordu.

"Bana gösterdiğini düşünmem gerek," dedi, "ve sonra hemen diğer liderlerin bazılarıyla konuşmalıyım." Zihni şimdiden plân yapmakla meşguldü.

Fred'e yardımı gerekeceğini söyledi. "Diğerlerinin problemi görüp önemini anlamaları için hazırlıklı olmana ihtiyacım var," dedi. Kısa bir duraksamadan sonra da sözlerini, "ve bazı kuşların problemi görmek istemeyeceklerine de hazır olmalısın," diye bitirdi.

Alice, "Hoşça kal," deyip yanından ayrıldığı zaman Fred kendini hem daha iyi hem de daha kötü hissediyordu.

Buzdağımız Eriyor

Daha iyi – Artık felâket olasılığını gören tek kuş değildi. Problem hakkında derhal bir şey yapmanın zorunluluğunu hisseden tek kuş da kendisi değildi.

Daha kötü – Hiçbir çözüm düşünemiyordu. Alice'in "hazır ol" ve "bazı kuşlar bir problem olduğunu görmek istemeyecektir" deyiş şeklinden de hiç hoşlanmamıştı.

Müthiş Güney Kutbu kışının başlamasına ise sadece iki ay vardı.

Problem mi? Ne Problemi?

Takip eden birkaç günü Alice, Şef Penguen Louis de dâhil olmak üzere Liderlik Konseyi'nin bütün üyeleri ile bağlantı kurmakla geçirdi. Onlardan Fred ile yaptıkları inceleme gezisine çıkmalarını istedi. Çoğu onu dinlediler. Ama çok şüpheci davrandılar. Alice'in kişisel bir problemi mi vardı acaba, belki de evlilik sorunu?!

Görüştüklerinden hiçbiri koskocaman karanlık bir mağaranın içinde yüzmeye hevesli görünmediler. Birkaç tanesi Alice'le konuşmaya zaman bile ayıramadı. Çok önemli başka meselelerle meşgul olduklarını söylediler. Başka bir penguen hakkında, "Arkamdan yüzünü gözünü tuhaf şekillere sokarak benimle alay ediyor," diye şikâyette bulunan abartmayı seven bir penguenle uğraştıklarını bildirdiler (penguenler yüzlerini gözlerini tuhaf şekillere sokamadıkları için oldukça karışık bir meseleydi).

Aynı zamanda, haftalık toplantılarının iki saat mi yoksa iki buçuk saat mi sürmesi gerektiğini tartışıyorlardı ki, bu anlaşılmaz ve manasız lâf etmeyi sevenler için de sevmeyenler içinde hararetli bir konuydu.

Alice, Şef Penguen Louis'ten bir dahaki Liderlik Konseyi toplantısına varmış olduğu sonuçları sunması ve haklı olduğunu savunması için Fred'i davet etmesini rica etti. Şef Penguen, diplomatça, "Hakkında söylediklerini duyduktan sonra, tabiî ki anlatacaklarını çok merak ediyorum," dedi.

Buzdağımız Eriyor

Bununla beraber, Louis, başkalarına kıyasla tanınmayan ve liderler grubuna hiç konuşma yapmamış olan bu penguenin sunusunu programa koymadı. Fakat, Alice üsteledi, şefine bazı tehlikeleri göze almak zorunda olduklarını hatırlattı. "Siz bütün hayatınız boyunca koloninin iyiliği uğruna cansiparane hep böyle davrandınız zaten," diyerek onu övdü. Bu doğruydu ve Alice'in sözleri (ne maksatla söylendikleri belli olduğu halde) Louis'in gururunu okşamıştı.

Böylece Şef, Penguen Fred'i davet etmeğe rıza gösterdi. Alice de onu toplantıya çağırdı.

Liderlerle olan toplantısına hazırlık olarak, Fred yurtlarının gittikçe küçülen alanı, kanallar, su dolu mağaralar, besbelli erime sonucu oluşan çatlaklar ve diğer kötü işaretler hakkında bilgi veren istatistikler sunacağı bir konuşma yazmayı düşündü. Fakat, koloninin yaşlılarından birkaçına Onlar Grubu'na dair bildiklerini sorunca şunları öğrendi:

- Liderlik Konseyindeki kuşlardan ikisi istatistiklerin doğruluğu hakkında tartışmayı çok severlermiş. Ve aralıksız, saatlerce tartışırlarmış. Bu ikisi daha uzun toplantıların yapılması için de lobi faaliyetleri yürütmekteymişler.

- Liderlik Konseyi üyelerinden birisi istatistikler içeren uzun bir konuşma sırasında genellikle uykuya dalarmış – veya dalar gibi olurmuş. Horlaması yıkıcı etki yaratabilirmiş.

- Başka bir kuşun rakamlarla arası iyi değilmiş. Rahatsızlığını genelde başını durmadan aşağı yukarı sallayarak gizlemeye çalışırmış. Bu baş sallama diğer üyelerden bazılarının sinirine dokunup huysuzluk etmelerine ve atışmalara yol açabilirmiş.

- En az iki Konsey üyesi de kendilerine bir şey SÖYLENMESİNDEN hoşlanmadıklarını tavırlarıyla oldukça açık seçik belli etmişler. SÖYLEYEN olmayı kendi işleri sayıyorlarmış.

Enine boyuna düşündükten sonra Fred yaklaşmakta olan toplantıda sorunu ilk düşündüğü plândan değişik bir biçimde ele almaya karar verdi.

Buzdağının küçük bir modelini yaptı. Bir metre eninde, bir metre yirmi beş santim boyundaydı ve gerçek buz ile kardan yapılmıştı. Bu modeli yapmak Fred için kolay olmamıştı (bilhassa elleri, parmakları ve parmaklarının karşısında baş parmakları olmadığı için).

Bittiği zaman Fred onun mükemmel bir model olmadığını biliyordu. Fakat, Alice onun çok yaratıcı bir fikir olduğunu ve kesinlikle liderlerin problemi görmeye başlamalarını sağlayacak kadar iyi olduğunu düşünüyordu.

Toplantıdan bir gece önce Fred ve arkadaşları modeli Liderlik Konseyi'nin toplantı yeri olan, ne yazık ki, buzdağının en yüksek tepesine çıkardılar. Tırmanırlarken yarı yolda söylenmeler, şikâyetler başladı. "Bunu niçin yaptığımı hatırlatır mısın?" arkadaşlarının yaptığı nazik eleştirilerden biriydi.

Buzdağımız Eriyor

Eğer penguenler homurdanıp, inleyebilselerdi, bol bol homurtu ve inilti duyulacaktı.

Ertesi sabah Fred tepeye vardığında Liderler modelin etrafında toplanmışlardı bile. Bazıları heyecanlı bir tartışmaya tutuşmuştu. Diğerleri şaşkın şaşkın ona bakıyordu.

Alice, Fred'i gruba takdim etti.

Şef penguenlerin her zaman yaptığı gibi, Louis toplantıyı başlattı.

"Fred, keşfini bize anlatmanı istiyoruz." Fred hürmetle eğilerek selâm verdi. Louis ve bazı üyelerin içtenlikle yaklaştıklarını ve açık fikirli olduklarını sezebiliyordu. Diğerleri tarafsız görünüyordu. Birkaçınınsa şüpheciliklerini saklamak için gayret gösterdikleri söylenemezdi.

Fred, söyleyeceklerini aklından geçirdi, cesaretini topladı ve keşfettiklerini anlattı. Yurtlarını incelemek için icat ettiği, geliştirdiği yöntemleri açıkladı. Bozulmaları nasıl arayıp bulduğunu; duvarlarda açılmış olan kanal ağızlarını; korunmasız kalmış, suyla dolmuş kocaman mağaraları tarif etti – erimenin neden olduğu her şeyi bir bir söyledi.

Dinleyicilerini yönlendirmek, önemli noktaları göstermek için devamlı modeli kullanıyordu. Bir tanesi hariç bütün konsey üyeleri modele iyice yaklaşmışlardı.

İçerdeki büyük mağarayı gösterip felâketle sonuçlanacak etkisini vurgulamak için modelin tepesini bir kapak gibi kaldırıp açtığında yere düşen bir kar tanesinin bile sesini duyabilirdiniz.

Fred'in göstererek yaptığı konuşma sona erdiği zaman ortalığa tam bir sessizlik çökmüştü.

Alice, konuyu görüşmeyi, "Bütün bunları kendi gözlerimle gördüm," diyerek başlattı. "Suyla dolu olan mağara muazzam. Korkutucu. Erimenin yol açmış olduğu bütün diğer kötü işaretleri de gördüm. Bu durumu daha fazla göz ardı edemeyiz."

Birkaç penguen başlarını aşağı yukarı sallayarak aynı fikirde olduklarını belirttiler.

Konsül üyelerinden biri daha yaşlı, tıknaz, NoNo isimli bir kuştu. NoNo hava tahminlerinden sorumluydu. Bu isme nasıl sahip olduğuna dair iki teori vardı. Bir tanesi ana ve babasının ona dedesinin ismini koymuş olduğuydu. Öbür teoriye gelince bebekken söylediği ilk sözcükler "anne" ve "baba" yerine "No, No" yani "Hayır, Hayır" olmuştu.

NoNo hava tahminlerinde yanılmakla suçlanmaya alışıktı ama bu buzdağının erimesi işi fazla kaçmıştı. Sinirlerine zar zor hâkim olarak yüksek sesle konuşmaya başladı. "Bu gruba düzenli olarak iklim gözlemlerim ve buz dağımız üzerindeki etkisi hakkında resmen bilgi verdim," dedi. "Daha önce de söylediğim gibi sıcak geçen yazlar esnasında periyodik erime olağandır. Kışın her şey normalleşir. Onun gördüğü veya gördüğünü sandığı yeni bir şey değildir. Endişelenmeye gerek yok! Buzdağımız güvenilir ve sağlamdır böyle inişli çıkışlı sıcaklık dalgalanmalarına karşı dayanıklıdır.!"

NoNo ağzından çıkan her cümleyi bir öncekinden daha yüksek sesle söylüyordu. Eğer penguenleri ateş bassa, yüzleri kızarsaydı, ki kızarmaz, NoNo'un yüzü kıpkırmızı olacaktı.

NoNo diğer penguenlerden bazılarının kendisini desteklemeye başladığını görünce Fred'e işaret ederek dramatik bir tarzda:

"Bu genç kuş o kanalın ağzı buz eridiği için açıldı diyor. Ama belki de öyle olmadı. Bu kış kanal donup suyu büyük mağaranın içine hapsedecek diyor. Ama belki edemeyecek! Mağaradaki suyun donacağını söylüyor. Ama belki donmayacak! Donan suyun hacmi daima genişler diyor. Ama belki yanılıyor! Bütün söyledikleri doğru olsa bile buzdağımız bir mağarada donan suyun onu ufacık parçalara ayırabileceği kadar dayanıksız mı? Söylediğinin sadece - bir teori- olmadığını nereden biliyoruz? Nasıl diyebiliriz olmadığını bunun çılgın bir kurgu? Korku tellâllığı?!!!"

NoNo susup diğerlerine ateş püsküren gözlerle sert sert baktı ve son umudu, nakavt yumruğunu savurdu:

"Verilerinin ve çıkardığı sonuçların yüzde yüz doğru olduğunu kesin olarak söyleyebilir mi? İspat edebilir mi?"

Kuşların dördü aynı fikirde olduklarını göstermek için başlarını aşağı yukarı salladılar. Bir tanesi NoNo kadar kızmış görünüyordu.

Alice, sessizce, Fred'e özetle şunları ileten cesaret verici bir bakışla baktı: İşler yolunda (ki bunun doğru olmadığını biliyordu), bu durumla başa çıkabilirsin (ki bu hiç kesin değildi), şimdi sadece devam et ve sakin sakin yanıtla (ki bu da içinden çığlık çığlığa, "NoNo, sen tam bir budalasın!" diye bağırmak geldiğinden kendisi için yapması çok güç bir şeydi).

Fred hiçbir şey söylemedi. Alice ona cesaret verici bir bakışla daha baktı:

Fred hafif bir tereddütten sonra, "Gerçekten, hayır. Size hiçbir şeyi ispatlayamam. Hayır, yüzde yüz emin değilim. Fakat buzdağımız paramparça olacaksa, kışın olacaktır, gündüzün de gece gibi karanlık olduğu, korkunç fırtınalara, güçlü rüzgârlara karşı en zayıf olduğumuz sırada. O zaman birçoğumuz ölmeyecek mi?" diye cevap verdi.

Fred'e yakın duran iki kuş dehşete düşmüş görünüyordu. Onlara bakarak sordu, "Öyle olmayacak mı?"

Liderlik Konseyi'nin çoğunun hâlâ çok şüpheci bir tutum içinde olduklarını gören Alice, NoNo'ya dik dik bakarak, "Çocuklarını kaybetmiş ana babaları bir düşünün. Onların bize gelerek, 'Bu nasıl olabildi? Uyuyor muydunuz? Böyle bir felâketi önceden niçin tahmin edemediniz? Koloniyi korumak sizin göreviniz değil miydi?' diye sorduklarını, bizim de, 'Şey, evet, özür dileriz. Bir sorun olabileceğini duymuştuk ama bize sunulan bilgi yüzde yüz güvenilir değildi,' diye yanıtladığımızı gözünüzün önüne getirin," dedi.

Susarak sözlerinin iyice sindirilmesini bekledi.

"Tarifsiz acılar içinde önümüzde dururlarken onlara ne söyleyeceğiz? Böyle bir trajedinin olmamasını umduğumuzu mu? Yüzde yüz emin olmadan harekete geçmeyi uygun bulmadığımızı mı?"

Tekrar yere düşen kar taneciklerinin sesi duyulabilirdi.

Ağırbaşlı görünüşünün altında Alice o kadar kızgındı ki, buzdan modeli kaldırıp NoNo'nun kafasına fırlatmak istiyordu.

Louis, Şef Penguen, grubun ruh halinde bir değişiklik olduğuna dikkat etti. "Eğer Fred haklıysa, kış bu tehdidi gerçek bir felâkete dönüştürmeden önce iki ayımız var," dedi.

Diğer penguenlerden biri gerekli incelemeleri ve durum değerlendirmesini yapıp olası çözümleri araştırması için aralarından bir komite oluşturulması gerektiğini bildirdi.

Kuşların çoğu bu fikre katıldıklarını başlarını aşağı yukarı sallayarak belirttiler.

Başka biri gruba, "Evet, ama, koloninin rutin işlerinin aksamaması için mümkün olan her şeyi yapmalıyız. Civcivlerimizin şimdi büyümek için çok fazla yiyeceğe ihtiyaçları var. Karışıklıktan, şaşkınlıktan elimizden geldiğince kaçınmalıyız. Onun için iyi bir çözüm yolu bulana kadar bu tehlikeyi bir sır olarak saklamalıyız," dedi.

Alice herkesin duyabileceği şekilde gırtlağını temizledikten sonra çelik gibi sert bir kararlılıkla, "Bir problemimiz olduğu zaman bir komisyon kurmak ve kolonimizi nahoş haberlerden korumak normal olarak yaptığımız bir görevdir. Fakat, bu normalin çok, çok ötesinde bir sorun," diye konuştu.

Herkes ona baktı. Hepsinin kafasında sorulmamış olan şu soru vardı: Böyle mantık yürüterek nereye varmak istiyor?

Alice konuşmasını, "Derhal herkesin katılacağı genel bir toplantı yapıp mümkün olduğu kadar çok sayıda kuşu çok büyük bir sorunla karşılaşmış olduğumuza ikna etmemiz lâzım. Ailelerimizin ve arkadaşlarımızın bizden yana olmalarını sağlayabilirsek kuşların çoğunun kabul edeceği bir çözüm bulma şansımız olur," diyerek bitirdi.

Normal olarak penguenler çok ölçülü davranırlar, hele toplantı yapmakta olan Liderlik Konseyi penguenleriyseler. Ama şimdi kuşlardan birkaçı çılgına dönüp hep birden konuşmaya başladı.

"Bir genel toplantı!!" "...riskli bir..." "...biz asla..." "...bir panik..." "...hayır, hayır, hayır..." "...ve ne diyeceğiz?"

Bu hoş bir manzara değildi.

Fred sakına sakına, "Aklıma bir şey geldi," dedi. "Bana bir-iki dakika izin verir misiniz, lütfen? Çok sürmeyecek."

Diğerleri hiçbir şey söylemediler. Fred bunu evet olarak kabul etti – yahut en azından hayır denmediğini.

Elinden geldiğince çabuk tepeden aşağı indi, aradığı şeyi bulup tekrar yukarıya tırmandı. Tepenin üstündeki on kuş tekrar hızlı hızlı anlaşılmaz şekilde konuşmaya başlamıştı. Fred'in cam bir şişeyle geldiğini görünce seslerini kestiler.

Buzdağımız Eriyor

Alice, "Bu nedir?" diye sordu.

Fred, "Ne olduğunu hiç bilmiyorum," diyerek yanıtladı. "Onu babam bulmuştu. Bir yaz dalgalar getirip buzdağımızın kıyısına bırakmışlar. Buza benziyor ama buzdan yapılmamış." Gagasının ucuyla şişenin üstüne birkaç defa vurdu. "Buzdan çok daha sert ve üstüne oturduğunuz zaman ısınıyor ama erimiyor."

Herkes gözlerini şişeye dikmişti. Eeee?..

"Belki, eğer uygun görürseniz, onu suyla doldurup tepesindeki deliği tıkar ve soğuk rüzgârda bırakırız. Sonra yarın, donarken hacmi genişleyen suyun gücüyle kırılıp kırılmadığına bakarız."

Fred, durdu, sözlerindeki mantığı görmeye çabalayan gruptakilerin ne yapmak istediğini anlamasını bekledi.

Sonra devam etti. "Eğer kırılıp, parçalanmazsa, belki genel bir toplantı yapmak için acele etmemiz doğru olmaz."

Alice hayran kalmıştı. Kendi kendine, "Riskli ama, ne o? Yoksa bu kuş çok mu zeki?!" diye düşünüyordu.

NoNo bunun bir hile olduğundan şüphe etti, ama kolayca hileli bir yanını göremedi. Bu deneyin belki de bütün bu saçmalığa son vereceğini umdu.

Louis, Şef Penguen, NoNo'ya baktı.

Louis kararını verdi ve diğerlerine bildirdi.

"Öyleyse, dediği yapılsın."

Ve yaptılar.

Louis şişeye su koydu. Ağzını tam o büyüklükteki bir balık kılçığı ile iyice, içindeki suyu dışarı akıtmayacak şekilde kapattı. Şişeyi, yumuşak huylu, hâlâ bir delikanlı gibi yakışıklı, herkesin sevdiği ve güvendiği bir kuş olan Buddy'e verdi.

Sonra dağıldılar.

Fred gerekirse tehlikeyi göze almaya gönüllüydü, ama bu durum doğal olarak sinirlerini geriyordu. Onun için o gece pek iyi uyuyamadı.

Ertesi sabah Buddy tepeye tırmandığı zaman bütün diğer kuşlar oradaydılar ve aşağıya bakarak onun yukarı çıkmasını bekliyorlardı. Yanlarına varır varmaz içlerinden birisi, "Ne olmuş?" diye sordu.

Buddy şişeyi ortaya koyup gösterdi. İçine sığamayacak kadar büyümüş olan buz tarafından kırılmış olduğu açık seçik görülüyordu.

Buddy onlara, "Ben ikna oldum," dedi.

Kuşlar yarım saat çene yarıştırdılar. İkisi hariç hepsi harekete geçmeleri gerektiğini söyledi. Bu iki muhalif kuştan biri NoNo'ydu, tabiî. "Bir şey keşfetmiş olabilirsiniz," dedi, "ama..."

Ona pek aldıran olmadı.

Louis, "Kuşlara genel bir toplantı yapacağımızı duyurunuz. Ne konuda olduğunu henüz söylemeyiniz," diyerek son noktayı koydu.

Koloninin kuşları neden toplantıya çağrıldıklarını çok merek ediyorlardı, ama Alice Liderlik Konseyi üyelerinin gagalarını kapalı tutmalarını sağladı – bu da toplantıya duyulan ilgiyi ve merakı arttırdı. Yetişkin kuşların hemen hemen hepsi toplantıya geldiler. Büyük bir çoğunluğu aralarında buzdağındaki olağan yaşam hakkında gevezelik ediyordu.

"Felix şişmanlıyor. Çok balık yiyip çok az hareket ediyor."

"O kadar balığı nereden buluyor?"

"Ahh, şimdi işte bu merak konusu."

Louis toplantıyı usule göre açıp hemen sözü Alice' e bıraktı.

Alice, Fred ile beraber yüzüşünü, gördüğü birçok erime işaretlerini, su dolu mağarayı anlattı. Fred buzdağı modelini göstererek niçin tehlikede olduklarını düşündüğünü açıkladı. Buddy cam şişe deneyinden öğrendiklerini aktardı. Ve Louis, Şef Penguen olarak, vakit geçirmeden harekete geçmeleri görüşünde olduğunu bildirdi. Ne yapacaklarını henüz tam olarak bilmediği halde bir çözüm yolu bulacaklarından emin olduğunu söyleyerek oturuma son verdi.

Herkesin modeli ve şişeyi yakından görmesi, Fred ve Alice'e sorular sorması, Louis'in ekleyeceklerini dinlemesi bitinceye kadar toplantı neredeyse bütün sabah boyunca sürmüştü.

Kuşlar afallamışlardı, daima "Eh! Evet, ama..." diye cevap verme huyunda olanlar bile. Gönül rahatlığı, her şey çok-çok-çok-güzel-teşekkürler hissi süzülerek uçsuz bucaksız okyanusa akıp gitmeye başlamıştı. Fred, Louis, ve Alice– profesyonel değişim uzmanları olmadıkları için hiç farkında olmasalar da – kendi halinden memnun olmayı azaltıp zorunluluk hissini güçlendirerek koloniyi kurtarma potansiyeli olan ve tam da atılması gereken ilk adımı atmışlardı.

Toplantı bittiği zaman çenelerin bağı tekrar çözüldü.

Bu işin Altından
Tek Başıma Kalkamam

Ertesi sabah NoNo'nun bir arkadaşı kayarak Louis'in yanına gitti. Böyle yaptıkları zaman insanlara çok tuhaf göründükleri halde penguenler karınlarının üzerinde kayarak ilerleyebilirler. Eriyen buzdağı problemini kendi başına çözmesinin Şef Penguen olarak onun GÖREVİ olduğunu bildirdi. "Liderler böyle yapar. Siz büyük bir lidersiniz. Kimsenin yardımına ihtiyacınız yok," dedikten sonra kayarak (yılan gibi sürünerek de diyebiliriz) uzaklaştı. Başka bir penguen Louis'in bu görevi buz konusunda uzman olan genç kuşlara vermesinin doğru olacağını söyledi. Louis, sabırla, o kuşların çok deneyimsiz ve henüz koloninin güvenini kazanmamış olduklarını, bilinen hiçbir liderlik becerileri olmadığını, birkaç tanesinin de hiç sevilmediğini belirtti. Bu fikri ileri süren kuş, "Öyleyse, sizin niyetiniz ne?" diye sordu.

Louis atması gereken ikinci adımın ne olması gerektiğini düşündükten sonra Alice, Fred, Buddy ve Jordan isminde başka bir pengueni buzdağının kuzeybatı yamacındaki sakin bir yere çağırdı. Jordan'a "Profesör" derlerdi çünkü Liderlik Konseyi üyeleri içinde entelektüelliğe en yakın olan kuştu. Eğer buzdağında bir üniversite kurulmuş olsaydı, Jordan emekli olana kadar işinde kalma hakkına sahip öğretim üyelerinden olurdu.

Şef Penguen onlara, "Bu zor dönemi atlatabilmesi için koloninin rehberlik edecek bir takıma ihtiyacı var," dedi. "Bu işi tek başıma yapamam. Önümüzdeki bu zor göreve en uygun takımın beşimiz olduğuna inanıyorum."

Alice belli belirsiz başını eğdi. Buddy'nin aklı karışmış görünüyordu. Fred, genç sayılan bir kuş olan kendisinin de takıma alındığına şaşırmıştı. Ama ilk konuşan Profesör oldu.

"Niçin beşimizin başarılı olabileceğini farz ediyorsunuz?" diye sordu.

Louis her zamanki sabırlı haliyle başını aşağı yukarı sallamaya başladı. Alice sinirlendiğini belli etmemeye gayret ediyordu. Bir kol saati olsaydı, ki yoktu, ayağının ucunu sabırsızlıkla yere vururken durmadan saatine bakardı.

Şef Penguen nihayet, "Bu çok mantıklı bir soru," diye cevap verdi. "Profesör, beşimize bakın. Zor görevi çok net tanımlayın. Aklınızdan her birimizin kuvvetli yönlerinin bir listesini yapın. Mantıklı olarak çıkaracağınız sonuçla kendi sorunuzun cevabını bulmuş olacaksınız."

Louis Profesör'den başkasıyla asla böyle konuşmazdı.

Jordan'nın gözleri ufka doğru kaydı. Eğer penguen beyninden geçen düşünceleri okuyabilseydiniz, şunları öğrenirdiniz:

- Louis. Şef Penguen. Akıllı davranacak kadar tecrübeli. Sabırlı. Biraz tutucu. Kolay kolay telaşa düşmez. NoNo ve yaşları on üç ile on dokuz arasında değişenler hariç herkes tarafından sayılır. Zeki (ama yüksek zekâ sahibi bir entelektüel değil).

- Alice. Ciddi ve sistemli, iş bilir. İş bitirici. Başarmasını sevdiği için ısrarcı ve zorlayıcı bir tutumu var. Statüye önem vermediği için herkese eşit davranır. Asla gözünü korkutamazsınız onun için hiç denemeyin. Zeki (ama o da yüksek zekâ sahibi bir entelektüel değil).

- Buddy. Hâlâ delikanlı yakışıklılığını koruyor. Onda büyük işler peşinde koşma hırsının kırıntısı bile yok. Çok güvenilir ve sevilir (herkes onu biraz fazla beğeniyor olabilir). Kesinlikle yüksek zekâ sahibi bir entelektüel değil.

- Fred. Bizden daha genç. Hayret uyandıracak derecede meraklı ve yaratıcı. Sağgörülü. İyi bir öğretmen. Zekâ derecesi hakkında hüküm verecek yeterli bilgi yok.

- Ben. Mantıklı (aslında, çok mantıklı). Çok okuyan. İlginç meselelerle uğraşmasını çok seven. Sosyal hayattan en çok hoşlanan kuş olduğum söylenemez ama kim sosyal hayattan zevk alan bir kuş olmak ister ki?

- Böylece, Şef Penguen A, Alice B, Buddy C, Fred D, ve ben de E olduğumuza göre, A+B+C+D+E açık ve seçik olarak bizi güçlü bir grup yapar.

Profesör bu kararı verdikten sonra Louis'e dönerek, "Söylediğiniz son derece mantıklı," dedi.

Buddy'nin sık sık olduğu gibi zihni karışmıştı. Profesörün dediklerini asla tam olarak anlayamazdı, ama Louis'e güvenirdi. Alice'e Şef Penguen'nin niçin Şef Penguen olduğu bir kere daha hatırlatılmış olduğundan sinirleri biraz yatışır gibi olmuştu.

Fred Profesörün kafasından neler geçtiğini tahmin bile edemedi ama o da Alice ve Louis gibi doğru yolda olduklarını hissetti. Ayrıca, bu yetenekli, yaşlı kuşlarla beraber çalışmasına izin verilerek kendisine ayrıcalık tanınmış olduğunu düşünüyordu.

Günün geri kalan kısmını beraber geçirdiler. Başlangıçta, konuşmak zor geliyordu:

Profesör bir noktada, "Yurdumuzun senelik küçülme yüzdesini merak ediyorum," dedi. "Bir zamanlar Vladiwitch isimli bir kuşun bir yöntem bulduğunu okumuştum..."

Alice iki kere sesli sesli öksürdü. Derin bakışlarını Louis'in yüzüne dikerek, "Belki yarın ne yapacağımızın üstünde durmalıyız," diye hatırlattı.

Buddy yumuşak bir ses tonuyla, "Eminim ki Bay Vladiwitch çok iyi bir kuştu," diyerek Profesör'e yanıt verdi.

Sadece Buddy olsa bile söylediğine bir karşılık verilmesinden memnun olan Profesör başını "evet" anlamında aşağı yukarı salladı.

Louis, "Hepimiz gözlerimizi bir dakika kaparsak iyi olacak sanıyorum," deyip konuşmaya yeni bir yön verdi. Profesör göz kapamanın ne ilgisi olduğunu sormadan önce de Şef Penguen, "Lütfen nedenini sormayın. Yaşlı bir kuşun önerisini hoş görün. Bu sadece bir dakikanızı alacak," diye ekledi.

Hepsi teker teker gözlerini yumdular.

Sonra, Louis, "Gözleriniz kapalı iken doğuyu gösteriniz," dedi. Bir anlık bir tereddütten sonra hepsi Louis'in dediğini yaptılar. Arkasından Louis onlara şimdi gözlerini açabileceklerini bildirdi.

Buddy, Profesör, Fred, ve Alice hepsi değişik bir yönü gösteriyordu. Hatta Buddy hafifçe yukarı, gökyüzüne doğru işaret ediyordu.

Buzdağımız Eriyor

Alice ortada bir problem olduğunu sezerek iç geçirdi. Profesör konuşmaya başladı, "Bakın, A + B toplamsaldır; yani birbirlerine katıldıkları zaman tek başına olduklarından daha güçlü ve yeteneklidirler, ama ancak A ve B bir takım halinde çalışabilirlerse. Biz ne yaptık? Louis'in bize söylediğine bireysel tepkiler verdik. Oysa Louis bize beraber çalışamayacağımızı, birbirimizle konuşamayacağımızı veya birbirimize dokunamayacağımızı söylememişti. Gördüğünüz gibi, Flotbottom'mın grup teorisi…"

Şef bu söylevi kanadını kaldırarak kesip, "İçinizde öğle yemeğinde kalamar isteyen var mı?" diye sordu. Bu öneri guruldayan midesi kolayca beynine baskın çıkan şişman profesörü hemen susturdu. Buddy, "Çok iyi bir fikir," dedi.

Penguenler mürekkep balığına; bir otobüs iriliğinde olanlardan (Jules Verne'nin Denizler Altında 20000 Fersah'ındaki canavardan tutun da), bir fareden daha küçük cinslerine kadar değişen boylardaki bu deniz yaratığı türüne, BAYILIRLAR. Ama penguenlerin çok sevdikleri minicik cinsleri çok hünerli, küçük şeytanlardır. Yaklaşan avcıya son derece nahoş simsiyah bir mürekkep fışkırtıp toz oluverirler. Böylece teke tek bir karşılaşmada kolayca galip gelen mürekkep balığı olur. Penguenler de bu problemi yıllarca önce keşfetmiş olduklarından bir çözüm bulmuşlardır: kalamar avına grup halinde çıkılmalı.

İlk önce denize Louis daldı diğerleri de hemen onu takip ettiler. Penguenler, karada hantal ve beceriksizce öne arkaya sallanmalarına, yalpalamalarına rağmen (biraz Charlie Chaplin'in yarattığı ünlü Şarlo karakteri gibi) suda olağanüstü bir beceri ve zarafetle hareket ederler. beş yüz metre kadar derinliğe dalabilir, suyun altında yirmi dakika kalabilir ve iki yüz elli bin dolarlık bir Porsche'den bile daha iyi manevra yapabilirler. Fakat...fevkalâde bireysel yetenekler yetmez bir kalamarı yakalamaya.

Buzdağımız Eriyor

İlk karşılaştıkları kalamar onlardan kaçtı. Ama kısa zamanda beraber çalışmasını iyi öğrendiler – hareketlerini birbirlerine göre ayarlamasını, öğle yemeklerinin etrafını çepeçevre sarmasını. Sonunda, herkes için kâfi yiyecek bulundu, hatta oldukça iştahlı olan Profesör'ün bile gözü doydu.

Tatmin edici bir yemekten sonra, Louis eriyen buzdağına ve beşinin bundan sonra ne yapacaklarına neredeyse hiç değinmeyen bir sohbet yönetti. Bu konular yerine yaşam, sevdikleri kişiler, ümitleri ve hayalleri üzerinde durdu. Saatlerce konuştular.

Profesör bir konuşmaya dikkat ve CİDDİYET katan yapısal öğeler olmadan, hayat hakkında sadece oradan buradan gevezelik etmeğe pek istekli olmadığından, çene yormayıp çözümsel düşünen, inceleyen kafasını sessizce işletmeyi yeğledi. Eriyen buzdağı. Fred bunu keşfeder. Kendi halinden memnun bir gruba satması zor bir şey. Önce Alice'e gider. Problemi ona gösterir. Buzdan model. Şişe. Grup toplantısı. Rahatlık duygusu azalır. Louis gösterilecek çabayı yönlendirecek grubu seçer. İlginç kimselerin oluşturduğu küçük bir topluluk. Henüz takım olmayan grup mürekkepbalığı avı ve sohbetle bir takıma dönüşür.

Hepsi oldukça tuhaf gelişmelerdi, ama hayranlık uyandırıyordu.

Ertesi sabah. Louis onları bir arada tuttu. Bu beş kuştan birbirine sıkıca bağlı bir takım yapabilmek için elinde bir ay olsun isterdi. Fakat bir ayı yoktu. Onun için elinden geleni yaptı ve iki gün sonra, penguenler hepsi ayrı yöne işaret eden bireyler gibi durmuyorlardı artık. Louis zor ama vazgeçilmez bir aşama olan gerekli değişimi yönetmek için bir takım meydana getirmek adımını atmada büyük ölçüde başarılı olmuştu.

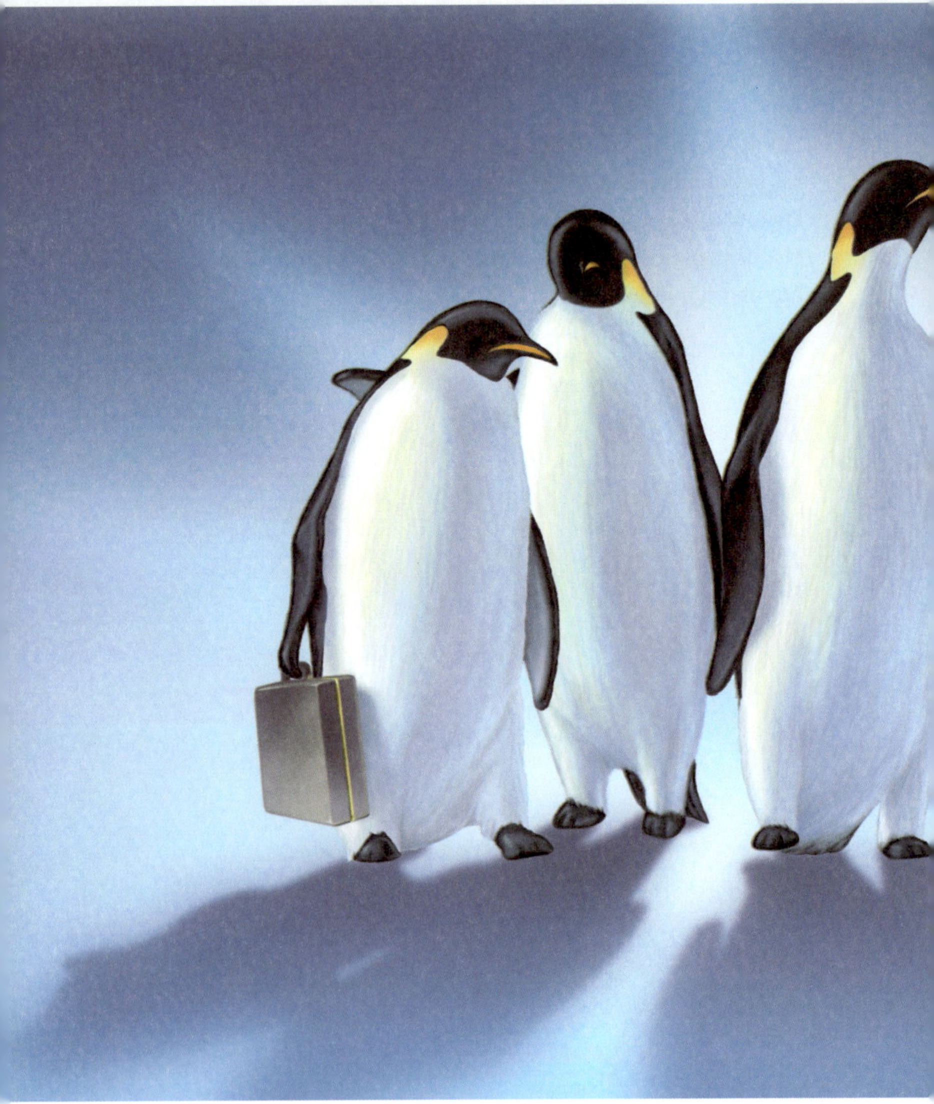

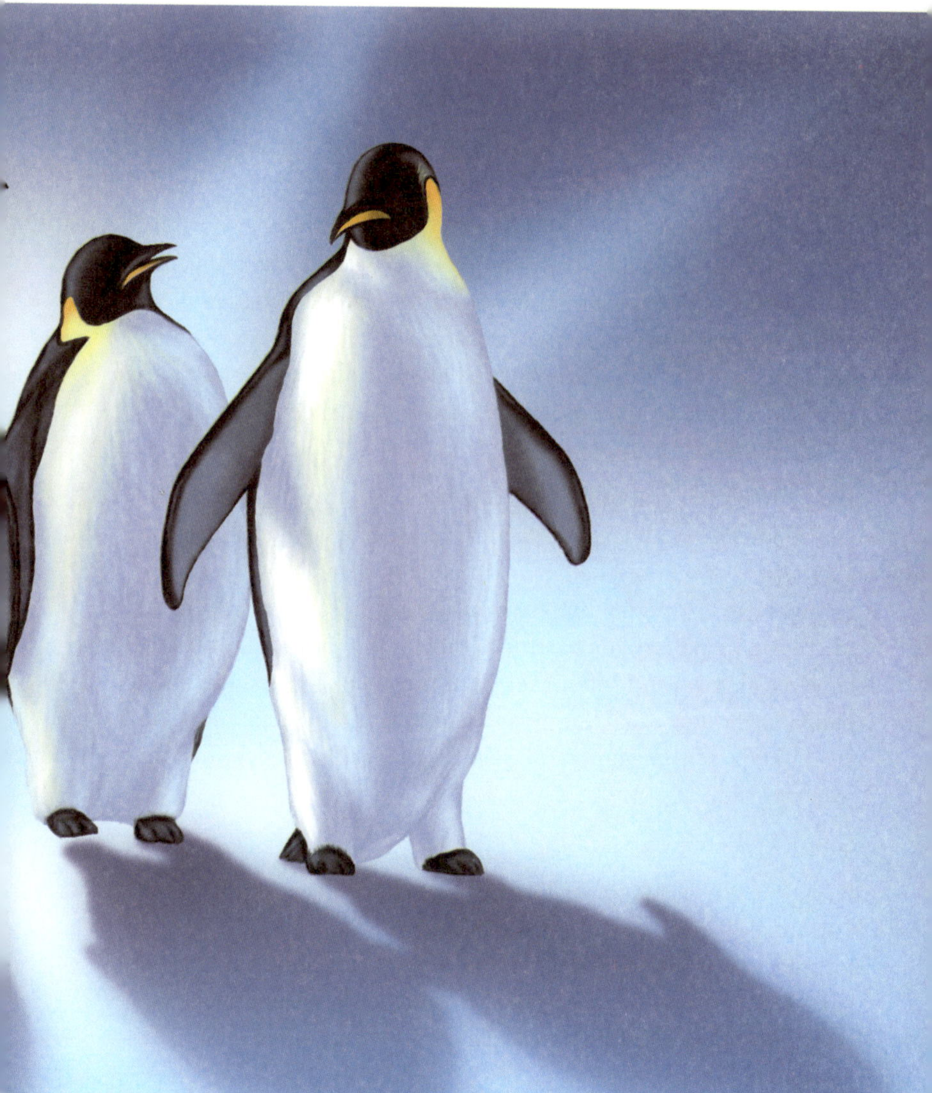

Martı

Sabırsız Alice kolonideki diğer kuşlarla konuşarak eriyen-buzdağı problemine süratle çözüm aramalarını önerdi. Şef Penguen diğerleriyle konuşmanın bir sonraki en iyi adım olduğundan emin değildi, ve Profesör kesinlikle Alice'in maksadının ne olduğunu anlamıyordu. Fakat yapıcı bir tartışmadan sonra Alice onları ikna etmeyi başardı.

Bir petrolcünün gönlüne sahip olan bir kuş, su ve basıncın dışarı çıkmasını sağlamak için buzdağının su üstündeki yüzeyinden aşağıya doğru mağaraya kadar inen bir delik açmayı önerdi. Genel bir problem olan erimenin çözümü olmasa bile, bu bir-delik-delme fikrinin yaklaşan kış bastırınca yurtlarının parçalanmasını önleme olasılığı vardı. Profesör iki yüz altmış sekiz kuşun tamamının günde yirmi dört saat durmadan gagalayarak bu deliği ancak beş yıl iki ayda açıp mağaraya ulaşabileceğini bildirene dek, kısa bir süre tartışıldı.

Sonra.

Başka bir kuş kusursuz bir buzdağı bulmalarını önerdi. Erimeyen, korunmasız mağaraları, çatlakları bulunmayan ve çocuklarının, torunlarının bir daha asla böyle bir kriz yaşamayacağı kadar her bakımdan mükemmel bir buzdağı. Belki, eğer kusursuz-buzdağı bulma komitesi belirleyecek olurlarsa? Neyse ki, Alice bunu işitecek kadar yakında değildi.

Ortaya atılan başka bir fikir koloniyi bir şekilde buzun daha kalın ve güçlü olduğu Antarktika'nın merkezine doğru götürmek oldu. Penguenlerden hiçbirinin bu kıtanın büyüklüğü hakkında bir fikri olmadığı halde – Amerika Birleşik Devletleri'nin bir buçuk mislinden daha büyük – çok tıknaz bir kuş, "Bizi sudan çok uzaklaştırmayacak mı? Nasıl balık bulacağım?" diye sordu.

Sonra.

Liderlik Konseyi'nden bir penguen katil balina yağından bir çeşit süper yapıştırıcı yapıp onunla çatlakları "sımsıkı" su geçmez şekilde yapıştırmayı öne sürdü. O da bunun genel erime problemini çözmeyeceğini biliyordu, ama belki kapıya dayanmış olan felâketi uzaklaştırmaya bir yararı olurdu.

Çaresizlikten ümitsizliğe kapılıyorlardı besbelli.

Sonra koloninin çok hürmet edilen bir üyesi olan yaşlı bir kuş yeni bir şey denemelerini önerdi. "Belki korkunç problemimizi keşfettiği zaman Fred'in yaptığını yapmalısınız. Gözlerinizi ve zihninizi açık tutarak etrafta dolaşın. Meraklı olun," dedi. Değişik bir yaklaşıma ihtiyaç duyulduğunu gören Şef Penguen bu fikri kabul etti. "Haydi deneyelim," deyince sözünü dinlediler.

Batıya gittiler. Çok güzel kardan duvarlar gördüler. Ailelerin her zaman yaptıkları şeyleri yapan aileler gördüler. Erime ve balık durumu hakkında konuşulanlara kulak misafiri oldular. Endişelerini paylaşmak isteyen kuşları dinlediler.

Aşağı yukarı bir saat geçtikten sonra, Fred, o hep kendine özgü hürmetkâr davranışıyla, "Yukarıda orada," dedi.

Buzdağımız Eriyor

Fred bir martıya bakıyordu. Normal olarak Antarktika'da martı olmadığından, hepsinin gözleri ona takılıp kaldı. Bir küçük, beyaz, uçan penguen miydi? Herhalde değildi.

Profesör, "Çok ilginç," dedi. "Uçan hayvanlar hakkında bir teorim var. Gördüğünüz gibi... " Devam etmesine fırsat vermeden Alice hafifçe omzuna vurdu. Geçen iki gün zarfında Alice'in omzuna böyle dokunmasının, "Olağanüstü bir penguensiniz, Profesör, ama, lütfen şimdi susunuz," demek olduğunu anlamış olduğundan hemen sesini kesti.

Buddy, "O nedir?" diye sordu.

Fred, "Bilmiyorum," diyerek cevap verdi, "ama bir kuş durmadan uçamaz. Yerde bir yuvası olmalı. Fakat burası o kadar soğuk ki."

Hepsi aynı fikirdeydiler. Eğer bir martı onlarla beraber yaşamayı deneyecek olsa, bir haftadan az bir süre içinde donar, taş gibi kaskatı kesilirdi.

Fred, "Çok, çok fena kaybolmuş sanıyorum ama korkmuş görünmüyor," diye devam etti. "Ya onun yaşam tarzı bir kara parçasından başka bir kara parçasına gitmekse? Ya o bir?..."

Fred penguenlerin kullandıkları anlamı göçmene en yakın sözcüğü söylemişti.

Alice sordu, "Yani şey mi öneriyorsun?..."

Şef Penguen, "Acaba," dedi.

Tabiî Profesör de hayretini, "Çok ilginç," sözcükleriyle belirtti.

Buddy, "Özür dilerim ama neden bahsediyorsunuz?" diye sordu.

Şef Penguen Buddy'nin sorusunu basitçe, " Yeni ve çok değişik bir yaşam biçimi olanağını düşünüyoruz," diyerek yanıtladı.

Saatlerce konuştular. Eğer biz... Ama o zaman... Biz nasıl?.. Hayır, bak... Evet, ama bizim elimizden... Niçin olmasın?.. Sadece belki...

Buddy, "Peki, bundan sonra ne yapacağız?" diye sordu.

Şef Penguen, "Bunu başından sonuna kadar dikkatle düşünmemiz gerekiyor," dedi.

Alice, "Süratle hareket etmemiz lâzım," diyerek ne kadar kritik bir durumda olduklarını hatırlattı.

Profesör de, "Düşünce kalitesi süratten önemlidir," diye bir hatırlatma yaptı.

Alice devam etti, "İlk önce o kuş hakkında daha çok şey öğrenmeliyiz, hem de şimdi."

Şef Penguen bunun doğru bir hareket olacağını kabul edince, Profesör hemen üzerine yazı yazacak bir şey bulabilmek amacıyla etrafı kolaçan etmeye başladı. Sonra hepsi martıyı aramaya gittiler.

Fred'in içinde biraz Sherlock Holmes'lik vardı, hani şu penguen olmayan meşhur detektif. Onun için yarım saat içinde martıyı buldular.

Alice, " Kuşa 'merhaba' de," diye Buddy'e fısıldadı.

Tanrı vergisi sıcak ve yumuşak sesiyle Buddy, "Merhaba. Bu Alice," diyerek Alice'e işaret etti. "O Louis, bunlar Fred ve Profesör, ben de Buddy'yim."

Martı onlara dikkatle bakmakla yetindi.

Buddy, "Nerelisin?" diye sordu. "Ve burada ne arıyorsun?"

Martı uzakta durup aradaki mesafeyi koruyordu ama uçup gitmedi. Sonunda, "Ben keşfe çıkmış bir izciyim. Klanın önünde uçar, bir sonraki durağımız olacak yaşayabileceğimiz bir yer ararım."

Profesör derhal sorular sormaya başladı – yararlı sorular, ara sıra konuyu saptırdığı da oluyordu (her keresinde o Bildiğiniz-Kişi tarafından asıl konuya döndürülüyordu).

Cevap olarak martı penguenlere sürüsünün nasıl göçebe bir yaşam sürdüğünü anlattı. Ne yediklerinden (ki penguenlere hemen her şeyi yiyorlarmış gibi geldi), izciliğin nasıl bir şey olduğundan bahsetti. Morarmaya ve güçlükle konuşmaya başladığı zaman da hoşça kalın deyip uzaklara uçtu gitti.

Profesör ile Buddy martılar için uygun olan şeyleri penguenlerin yapmasının doğru olabileceğime tam olarak ikna olmamışlardı. "Biz değişiğiz." "Onlar uçuyorlar." "Biz lezzetli, taze balık yeriz." "Onların yedikleriyse, öf... iğrenç."

Diplomasiye her zamankinden daha fazla önem veren bir tavırla Alice, "Elbette biz değişiğiz," dedi. "Bu da basitçe onların davranışlarını taklit edemeyiz demek oluyor. Ama bu çok dikkate değer bir fikir. Nasıl yaşayabileceğimizi neredeyse görebiliyorum. Etrafta dolaşmasını öğreneceğiz. Sürgit aynı yerde kalmayacağız. Eriyen buzdağlarını tamir etmeye kalkmayacağız. Sadece yaşam koşullarımızın ilelebet sürmeyeceği gerçeğini cesaretle karşılamalıyız."

Profesör düzinelerce soru sordu. Louis az konuşup tartışma ve sonuçları hakkında çok düşündü.

Alice, "Acaba neden buzdağımızın eridiğini idrak eder etmez kimsenin aklına bu fikir gelmedi? Çok merak ediyorum," diye sordu.

Profesör, "İçimizden birisi bunu düşünmüş olmalı. Mantıklısı bu..." dedi.

Sonra başını sağa çevirdi ve şunları gördü:

Eh, diye düşündü Profesör, belki de kimsenin aklına gelmemiştir.

Şef Penguen, "Çok uzun bir zaman boyunca hep aynı biçimde yaşadıktan sonra, tamamen değişik, yeni bir yaşam şekli.

❅ ❅ ❅

Buzdağımız Eriyor

"Belki kolonimizin sevgili kurucusunun ruhuna dua etmeliyiz."

"Ah, keşke bir kablolu televizyonumuz olsaydı"

Eh, diye düşündü Profesör, belki de kimsenin aklına gelmemiştir.

Şef Penguen, "Çok uzun bir zaman boyunca hep aynı biçimde yaşadıktan sonra, tamamen değişik, yeni bir yaşam şekli düşünmek niçin kolay olsun ki?" diyerek kendi görüşünü belirtti.

Profesör buzdağının neden eridiğine dair hiç kimsenin ortaya sağlam bir teori atmamış olduğunu fark etti. Erimenin ve bozulmanın çok uzun bir zamandan beri yavaş yavaş sürdüğünü farz ediyordu. Ama ya bu doğru değilse?

Ya problemin aniden ortaya çıkmasına neden olan bir şey varsa? Ama o şey ne olabilir ki? Yurttaşlarını buzdağı problemine daha çok zaman ayırmaya ve bu problem hakkında daha sistemli düşünmeye zorlamalı mıydı? Ama çok az zamanları kalmıştı.

Cevaplanmayan sorular profesörü epey rahatsız etti. Ama o gece bu koşullara rağmen çok iyi uyudu. Takımın yeni bir gelecek vizyonu yaratmada başarılı olduğuna ve aklın kabul edebileceği, güvenilir bir görüş birliği yarattıklarına inanıyordu. O geleceği nasıl inşa edeceklerini görmeye başlıyordu. Louis, Alice, Fred ve Buddy'nin de aynı şeyleri düşünmeleri onu (son derece) rahatlatıyordu.

Göçebe bir koloni...
Özgür, belli bir yurdu olmayan.
Martılardan çok şey öğrenebiliriz.

Bilgilendirme

Ertesi gün, Louis bütün koloniyi öğle vakti yapılacak toplantıya çağırdı. Bu noktada kolayca tahmin edeceğiniz gibi, hemen hemen herkes geldi – bu da çaresizlikten deliye dönmekte olan leopar foklarına yine öğle yemeği yok demekti.

Adeta bir enerji küpüne dönmüş olan Profesör bütün sabahı Louis'in vizyonu açıklarken kullanması için 97 saydamlık, bir çeşit PowerPoint sunum hazırlayarak geçirmişti. Şef Penguen bu çok etkileyici materyali gözden geçirip Buddy'e verdi. Profesörün çalışmasını inceledikten sonra Buddy, "Özür dilerim ama bu biraz benim başımdan aşıyor," dedi. Louis neresini anlamadığını sorunca da iki numaralı saydam olduğunu söyledi. Alice gözlerini kapatıp derin nefes alma egzersizleri yapmaya başladı.

Şef Penguen Profesörün eseri olan sunuma tekrar göz gezdirdi. Aslında çok güzel yapılmıştı ama koloninin mesajı anlamasını sağlamanın çok zor olacağını düşünmeden edemiyordu. Endişeli, aklı başka yerde, şüpheci, geleneklere bağlı veya hayal gücü olmayan, yaratıcılıktan uzak kuşlarla nasıl konuşurdunuz?

Onun için riskli olmasına rağmen değişik bir yöntem denemeye ihtiyacı olduğuna karar verdi.

Tehlikeye atılmayı sevmezdi, ama...

Bu kararı aldıktan sonra Louis, koloni'nin ikinci genel toplantısını şu sözlerle başlattı. "Yurttaşlarım, bu tehlikeyi göğüslerken – ki kesinlikle göğüsleyip üstesinden geleceğiz – hatırlamamız her zamankinden daha önemli olan şey gerçekte kim olduğumuzu bilmektir."

Kalabalık ona boş gözlerle bakıyordu.

"Söyleyin bana, biz birbirimize çok içten gelen bir saygı besleyen penguenler miyiz?"

Her şey derin bir sessizliğe gömülmüştü ta ki birisi, "Tabiî," diyene kadar.

Arkasından bazı kuşlar da, "Evet," dediler.

Dinleyici kalabalığının ortasında duran NoNo neler döndüğünü kestirmeye çalışıyordu. Ne gibi bir plân yapılmış olduğu henüz belli değildi; bu da onun hiç hoşuna gitmiyordu.

Louis devam etti, "Ve biz disipline çok değer verir miyiz?" Bir düzine kadar yaşlı kuş, "Evet," diye cevap verdi.

"Ve çok güçlü bir sorumluluk duygusuna sahip miyiz?" Bu, tartışılamaz, kuşaktan kuşağa korunan bir gerçek olduğu için şimdi birçok kuş, "Evet," diyerek katıldığını belirtti.

"Kardeşliği yani birlik ve beraberliği ve çocuk sevgisini her şeyin üstünde tutar mıyız?" sorusunu takip eden, "Evet!" ile yer gök inledi.

Şef Penguen bir an durduktan sonra yine sordu, " Ve de şimdi bana söyleyiniz...bu inançları ve paylaşılan bu sosyal değerleri yaşatan büyük bir buz parçası mıdır?"

Buzdağımız Eriyor

Kendilerini evet-evet- ritmine kaptırmış olan kalın kafalı bazı kuşlar, tam tekrar 'evet' diyecekken, Alice, "HAYIR!" diye bağırdı. Profesör, Fred ve genç kuşlardan birkaçı da hemen arkasından bağırarak ona katıldılar. Sonra birçok penguenin kendi kendilerine, "Hayır, hayır, hayır," diye mırıldandığı duyuldu.

Louis de, "Hayır," diyerek aynı görüşte olduğunu bildirdi.

Kuşlar donakalmıştı, kıpırdamadan duruyor ve hepsi birden Şef Penguen'e bakıyorlardı. Bazıları onun bu kadar etkili – böylesine duygusal konuşabildiğini ve heyecan uyandırabildiğini bilmiyorlardı.

Louis, "Şimdi Buddy'i dinlemenizi istiyorum," dedi ve dramatik etki yaratmak için kısa bir süre sustuktan sonra, "Size bir öykü anlatacak – yeni ve daha iyi bir yaşam biçimi düşünmemize esin kaynağı olan bir öykü," diyerek konuşmasını bitirdi.

Böylece Buddy Martı'nın hikâyesini anlatmaya başladı: "O sürüsünün bir izcisi. Kolonisinin yerleşeceği bir sonraki en uygun yeri bulmak için araziyi keşfetmeye çıkıyor. "Düşünün, onlar özgür! Canları nereye isterse oraya gidiyorlar. Bakın, çok seneler önce, onlar..."

Buddy martı sürüsünün şimdi nasıl yaşadıklarına, rastlamış olduğu kuşa dair ne biliyorsa anlattı. Buddy farkında değildi ama çok iyi hikâye anlatırdı.

Bitirdiği zaman, penguenler birçok soru sordular. Zekâsı kıt bazı kuşlar uçan bir hayvan fikrini kavrayıncaya kadar akla karayı seçtiler. Bazıları sadece martının söylemiş olduklarının en küçük ayrıntısına kadar inmek istiyordu. Konuyla ikinci derecede ilgili, bilhassa "özgürlük" ve göçebe yaşama dair bir alay tartışmalar yapıldı. Çabuk kavrayan kuşlar hemen, açık seçik anlatılmadan da, vizyonu algıladılar.

Louis bu heyecanlı konuşmaların bir süre devam etmesine izin verdi. Sonra boğazını yüksek sesle temizledi ve herkesin susmasını istedi. Gürültü kesilince, sözlerinin doğruluğuna yürekten inandığını belli eden çok ikna edici bir ses tonuyla kalabalığa şöyle seslendi "Biz bu buzdağı değiliz. Bu buzdağı sadece şimdi yaşadığımız yerdir. Biz martılardan daha zeki, daha güçlü ve daha yetenekliyiz. Öyleyse niçin onların yapmış olduğunu yapmayalım, hem de onlardan daha iyi yapmayalım? Bu buz parçasına zincirle bağlı değiliz. Onu terk edebiliriz. Bırakalım küçük bir balık kadar kalana dek erisin. İsterse bin parçaya bölünsün. Yaşanacak daha güvenli olan başka yerler bulacağız. Gerekirse yeniden yola çıkıp daha başka bir yere gideceğiz. Bir daha asla ailelerimizi bugün karşı karşıya olduğumuz korku verici durum gibi korkunç bir tehlike içinde bırakmayacağız. BİZ BAŞARACAĞIZ. BİZ ÜSTESİNDEN GELECEĞİZ! "

NoNo'nun on altı olan tansiyonu aniden yirmi dörde fırladı.

Toplantının sonuna kadar kalabalığın gözlerine dikkatle bakmış olsaydınız, şu sonuçları çıkarabilirdiniz:

- Koloninin yüzde otuzu yeni bir yaşam biçimini görebiliyor ve vizyonu denemeye değer görüp kendilerini ferahlamış hissediyordu.
- Yüzde otuzu duyduklarını ve gördüklerini sindirmeye çalışıyordu.
- Yüzde yirmisinin aklı çok karışmıştı.
- Yüzde onu şüpheci ama düşmanca, saldırgan olmayan bir tutum içindeydiler; ve
- NoNo gibi olan yüzde onuysa bunun baştan başa saçmalık olduğuna inanıyordu.

Buzdağımız Eriyor

Şef Penguen kendi kendine, "Şimdilik bu kadarı yeterli," diye düşünüp toplantıya son verdi.

Toplantı dağılırken Fred, Buddy, ve Profesör'ü yakalayan Alice, "Arkamdan gelin," dedi. Aklı başında kuşlar oldukları için kendilerine söyleneni yaptılar.

Alice çabucak onlara aklına en son gelen fikri söyledi: buz-posterlerinin üzerine yazılacak sloganlar bulmalarını. "Kuşlara duymuş olduklarını SÜREKLİ hatırlatmak zorundayız. Bu sabahki toplantı kısaydı. Koloninin tümü toplantıya katılmamıştı. Mesaj radikaldi. Çok daha fazla iletişime ihtiyacımız var – her gün, her yerde."

Buddy kuşku duyduğu noktayı yüksek sesle sordu, " O kadar çok poster bazı arkadaşlarımızın sinirine dokunmaz mı?" Alice, "Birkaç canı sıkılmış kuş ile üzerindeki penguenler feryat ederken parçalanmakta olan bir buzdağı arasında seçim yapmak gerektiği zaman, canı sıkkın olanları tercih ederim." Böyle söylenince...

Poster yapmaya başladılar. Önceleri çok güçlük çektiler.

Fakat daha yaratıcı olan bazı kuşların yardımıyla –içlerinde Fred'den bile daha genç olanlar vardı– kısa zamanda nasıl yapılacağını öğrendiler.

Bir hafta boyunca her gün, yirmi penguen yeni sloganlar bulup buzdağının çeşitli yerlerine yerleştirdikleri buz-posterlerine yazdılar. Poster koyacak yer kalmayınca, Alice suyun altına, en bereketli, en çok rağbet gören balık avlama sahalarına yakın yerlere koymalarını önerdi. Biraz tuhaf bir fikir gibi geliyor ama, (1) penguenler su altında çok iyi görürler; (2) o yerlere henüz hiç poster konulmamıştı; (3) penguenler avlayacak balık ararlarken sinirlenseler bile gözlerini kapatamazlar.

Coşkulu toplantı, Louis'in "biz buzdağı değiliz" konuşması, Buddy'nin martı öyküsü, Alice'in sayısız posterleri istenilen sonucu vermeye başlamıştı. Bu işlerden pek uzak olan birçok kuş bile, olup bitenleri görmeye ve üzerlerine düşeni yapmayı kabullenmeye geldiler.

Çok değişik bir geleceğin, göçebe bir hayatın yeni vizyonunu bildirmek esas itibariyle çok başarılı olmuştu.

Koloni ileriye doğru koskoca bir adım daha atmıştı.

Kuşları görünce bunu hemen anlardınız.

En son sloganı gördün mü? Çok komik.

Hmmmmm. Ya göçebe bir yaşam, ya da eriyen ve parçalanan bir buzdağı üzerinde oturarak ölmek. Bence yeteri kadar açık seçik.

Hangisi?

Bir izci olmayı düşünüyorum!
Ne yapmak gerekiyor? Daha çok balık bulabiliyor musun?
Bu denemeye değer bir şey sanıyorum
Ben HÂLÂ süper yapıştırıcı fikrini beğeniyorum.

İyi Haber, Kötü Haber

İzci seçimini planlamak, yeni buzdağları bulmak için yapılacak yolculuklarda izlenecek rotaları ayrıntılarıyla çizmek ve koloniyi göçürme eyleminin lojistik harekât plânını yapmak için otuz-kırk kadar kuş küçük gruplar halinde çalışmaya başladı.

Ertesi hafta haberler hem iyi hem de kötüydü.

İyi: Bazı kuşların hâlâ endişeli olmalarına rağmen bütün eylemin çekirdeğini oluşturan plâncılar grubu günden güne daha çok şevke ve gayrete geliyordu.

İyi sayılır: Bir düzineye yakın kuş izci olmaya ilgi duyduklarını bildirdiler – koloni için yeni bir yurt arama işine talip oldular. Ancak, bunlar çoğunlukla yeni bir buzdağı bulmaktan daha çok Nike'lardan ve video oyunlarından yoksun olan yaşamlarına biraz heyecan katmaya hevesli görünen ergenlik çağındaki gençlerdi.

Pek iyi değil: NoNo ve birkaç arkadaşı her yerde fırtına ve tehlikeli akıntı tahminleri yaparken görülüyordu. Birçok kuş onları yok saysa da, yok sayanlar kuşların tamamı değildi.

Akıl ermez: Çok küçük penguenlerden bazıları korkunç rüyalar görmeye başladı. Alice'in araştırmaları anaokulu öğretmeninin dehşet saçan ve küçük penguenleri avlayan katil balinalar hakkında korku öyküleri anlatmaya merak sardığını ortaya çıkarttı. Kâbuslar ebeveynler arasında velvele kopmasına ve içlerinde izci adaylarının da bulunduğu bazı velilerin protesto gösterileri yapmasına yol açtı. İyi huylu öğretmen acaba niçin böyle bir problem yaratıyordu?

Akıl ermez bir tarafı yok ama kesinlikle bir yararı da yok: Liderlik Konseyi'nin bazı üyeleri izcilere bir komutan gerektiğini düşündü. İzci Komutanlığı görevi için kulis faaliyetlerinde bulunmaya başladıkları zaman konsey üyeleri arasındaki asap bozucu çekişme arttı.

Ve sonunda, kulağa gelmeye başladı...

Çok can sıkıcı haberler: Penguenlerin kış için yağ depolaması çok fazla miktarda yiyecek bulmalarını zorunlu kılar. Birisi, buzdağının çevresindeki geniş bölgeyi keşfe çıkan izcilerin balık avlamak için yeterli zamanı olmayacağına dikkat çekti. Ezelden beri süregelen, penguenler yiyeceklerini SADECE kendi çocuklarıyla paylaşır, geleneği bu problemi daha da kötüleştiriyordu. Hiçbir yetişkin penguen başka bir yetişkin penguen için avlanamazdı. Bu olanaksız bir şeydi.

Önceleri iyi haberler, kötü haberlerden daha etkili oluyordu. Ama zamanla NoNo'nun tuhaflıkları, korkmuş çocuklar, korkmuş çocukların ana ve babalarının duyduğu endişe, Liderlik Konseyi'ndeki iç çekişmeler ve izcileri-besleme-problemi kötü etkilerini hissettirmeye başladı.

Buzdağımız Eriyor

NoNo ve birkaç arkadaşı gördükleri engellerden cesaret aldılar. Belki, eğer biraz daha fazla gayret gösterecek olurlarsa...

❄ ❄ ❄

Amanda plâncılar grubunun en hevesli ve en çalışkan kuşlarından biriydi. Yeni bir yaşam biçimi vizyonuna yürekten inanıyordu. Onun gerçekleşmesine yardım edebilmek için günde on dört saat çalışıyordu. Fakat sonra, NoNo'nun bildirileri kocasının cesaretini kırdı ve karısına işini bırakması için baskı yapmasına neden oldu. Uzun ve her ikisine de zor gelen konuşmalar yaptılar. Sonra, çocuğunun gördüğü kâbuslar o kadar tüyler ürpertici bir hal aldı ki, Amanda gecenin yarısını küçük kuşu sakinleştirmeye çalışarak geçirmeye başladı. İzcileri-besleme-problemini de duyunca uğradığı hayal kırıklığı ilk başlardaki heyecanına üstün geldi. Kontrol edemediği güçler karşısında âciz kaldığını hissederek plânlama toplantılarına gelmemeye başladı.

Ve acze düşmüş olan sadece o değildi.

O hafta perşembe gününe kadar üç kuş daha toplantıları kaçırdı. Cuma günü bu sayı sekize çıkmıştı, cumartesi ise on beş olmuştu.

Toplantılara başkanlık eden kuş, üye kaybını önlemek için gerçekleri bir kere daha açık seçik ifade etmeğe çalıştı. Buzdağı eriyor. Değişmeliyiz. İleri görüşlü olmalıyız. İcraat zamanıdır. Bu sözlerdeki mantığa diyecek yoktu. Ancak azalmakta olan katılıma hiçbir faydası dokunmadı.

❄ ❄ ❄

Alice gittikçe çoğalan engeller yüzünden çok hevesli olan birçok kuşun hayal kırıklığına uğradığını görüyordu. Louis'e, "Bu duruma bir çare bulmalıyız," dedi, "hem de acilen." Louis de aynı fikirde olduğunu bildirdi.

Buddy, Fred, Profesör, Louis ve Alice tartışarak durumu değerlendirdiler, ne yapılması gerektiğini kararlaştırdılar ve her birinin üzerine düşen görevi belirlediler. Bu kadar çabuk anlaşmaya varmaları bir panik işareti değildi, ama ona yakın bir şeydi.

Onlar toplantı yaparken bile, NoNo her yerdeydi.

Kalabalıktan kalabalığa gidip, "Tanrı'lar çok kızgın," diyordu. "Bütün balıklarımızı yemesi için dev gibi bir katil balina yollayacaklar. Muazzam ağzı ile buzdağımızı ısırıp paramparça edecek, çocuklarımızı korkunç çeneleri arasında ezecek. Yüz yirmi beş metre boyunda dalgalar yaratacak. 'Göçebelik ve göçebeler' hakkındaki bu zırvalamalara derhal son vermeliyiz."

Louis, NoNo'yu kenara çekerek (samimiyetle) gelecekte hava tahmininin daha önemli olacağını ve daha bilimsel bir yaklaşım içinde bulunmaları gerektiğini söyledi.

NoNo, ihtiyatla dinliyordu.

Louis,"Bundan dolayı," dedi, "Profesör'den bize yardım etmesini rica ettim."

NoNo hiddetle dönünce Profesör'ü yanı başında buldu.

Profesör, "Himlish'in buzdağı travması konulu makalesini okudun mu?" diye sordu. "1960'lı yılların sonuna doğru yayımlandığını sanıyorum." NoNo koşarak uzaklaşmaya çalıştı. Profesör peşinden seyirtti.

Buzdağımız Eriyor

> Himlish Harvard'dandı. Daha doğrusu yaşı ilerlemiş olduğu sırada oradaydı. Kariyerinin başında....

> GİT BAŞIMDAN!!

Ve NoNo'nun gittiği her yerde onu izledi...İzcilerin Komutanı olmak için kulis yapanlarla da Louis çok direkt bir şekilde ilgilendi.

Çok kısa ve çok sert bir konuşmaydı. Onlara, "Yeter!" dedi.

Yapmış oldukları plânda Buddy'nin en önemli rolü anaokulu öğretmeni ile konuşmaktı. Gözleri dolu dolu olmuş bu kuş korkularını bu Herkesin Sevdiği Penguen ile paylaştı –kesinlikle çocuklara okuduğu öyküleri seçmesine yol açmış olan korkularını.

Neredeyse hıçkırarak Buddy'e, "Bütün bu değişiklik sonucu koloninin artık bir anaokuluna ihtiyacı olmayabilir," dedi. "Artık değişime uyamayacak, alışamayacak kadar yaşlanmış bir öğretmen gerekmeyebilir."

Çok üzgündü. Buddy de çok sevecen ve anlayışlıydı. Öğretmen içini döküp sustuğunda, ona, "Hayır," dedi, "durmadan değişen bir dünyada küçük kuşların öğrenmeye daha çok ihtiyacı olacak. Bir anaokulu daha çok önemsenecek."

Öğretmenin hıçkırıkları seyrekleşti. Buddy bütün değişikliklerden sonra eğitim ve terbiyenin oynayacağı vazgeçilmez, temel rol üzerinde konuşmaya devam etti.

Sözlerini son derece samimi olarak, "Eminim ki," diyerek bitirdi, "onların gerekli olan şeyleri öğrenmelerine yardım edebilirsiniz. Siz harika bir öğretmensiniz. Eğer bir-iki şeye uyum sağlamanız veya alışmanız gerekecekse, başarıyla üstesinden geleceğinizi biliyorum çünkü siz küçükleri çok seviyorsunuz."

Güven veriyordu. Sabırlıydı. Mesajlarını sakin sakin ve samimiyetle defalarca tekrarlıyordu.

Öğretmenin içi o kadar çok rahatladı ve kendini o kadar mutlu hissetti ki, Buddy'i öpmek istedi.

Gerçekten çok dokunaklı bir sahneydi.

Louis, Profesör ve Buddy'nin hareket tarzı – ve daha başkalarına da Fred ve Alice'in davranışı – hemen etkisini gösterdi.

NoNo (aslında çok istediği halde) yeni huzursuzluklar yaratmadı.

Nereye giderse gitsin, susmak bilmeyen Profesör hep yanı başındaydı.

"Altı değişkenli bir regresyon göstermiştir ki..."

"Eğer beni takip etmeyi bırakmazsan," diye NoNo çığlık çığlığa bağırmaya başladı, "Ben..."

"Evet, evet. Şimdi şu noktaya bilhassa dikkat et. Regresyon..."

"Aaayyyyy..."

❄ ❄ ❄

Buddy ile konuştuktan sonra, anaokulu öğretmeni küçük öğrencilerini etrafına toplayarak onlara zor ve değişen şartlar altında başkalarına yardım etmek için olağanüstü yararlıklar gösteren yiğitlerin kahramanlık öykülerini anlatmaya başladı. Çok güzel öyküler buldu. Onları şevkle, coşkuyla anlattı.

Koloninin çok yakında yeni ve zor görevleri başaracak kahramanlara ihtiyacı olacağını ve herkesin, en küçüklerin bile, yardımcı olabileceklerini söyledi. Öğrencileri bu sözlere bayıldılar.

Daha o gece kâbusların çoğu son buldu.

Bütün bu değişim harekâtının çekirdeğini oluşturan plânlamacılar grubunda aktif olarak çalışanların sayısı otuz beşten on sekize düşmüştü. Ama şimdi, değişimin önündeki engeller aşıldıkça, hevesi kursağında kalmış olan, boşuna uğraştığını, elinden bir şey gelmediğini zanneden, şaşırıp kalmış kuşlar gittikçe azalıyordu. Eskiden olduğu gibi canla başla çalışanlar günden güne artıyordu.

Louis süratle tamamlanması gereken bütün işlerin yapılması için elli kadar kuş gerektiğini hesapladı. Henüz elli kuşu yoktu ama hiç olmazsa eğilim doğru yöndeydi.

❄ ❄ ❄

Sally Ann küçük bir anaokulu öğrencisiydi. Kafası yeni kahramanlık öyküleri ile dolmuştu. Badi badi yürüyerek okuldan eve dönerken Alice'i gördü. Görgü kurallarını bilmeyen yavruların yaptığı gibi, hemen bu yüksek mevkideki kuşun yanına gidip ona, "Özür dilerim. Nasıl bir kahraman olabilirim?" diye sordu. Alice durup ona baktı. Zihni erime, koloninin genel ruh hali ve izcileri-besleme-problemi ile meşgul olduğu için soruyu güç belâ işitebilmişti. Yavru sorusunu bir daha sordu. Ona, "Sen doğruca evine, annene git," diyecek yerde Alice, "Eğer annenin ve babanın, Şef Penguen'in onların yardımına, özellikle de izcileri beslemek için balık avlamak konusunda yardım etmelerine ihtiyacı olduğunu anlamalarını sağlayabilirsen, gerçek bir kahraman olursun,"dedi.

Çocukluğun ümit dolu saflığı ile küçük kuş, "Hepsi bu kadarcık mı?" diye sordu.

Ertesi gün bu yavru yolda kime rastladığını ve ne konuştuklarını arkadaşlarına anlattı. Meğer ne kadar çok arkadaşı varmış. Ve o konuşmalardan koloninin göçmen yaşamı gerçekleştirebilmesine çocukların nasıl yardım edebileceğine dair bir fikir doğdu. Anaokulu öğretmeni bazı dersleri iptal etti – birkaç kuralı çiğnedi – ve bu fikre bir plân, somut bir yapı kazandırmaya çalıştı. Adını "Kahramanlar Günü" koydular.

Bazı ebeveynler bu çalışmadan tedirgin oluyorlardı. Herkese, yavrulara bile, yetki sahibi olduklarını hissettiriyordu, kolonide hiç görülmemiş bir şeydi. Ama civcivler bu etkinliği çok sevdi.

Kâbusları unutmayalım. Onlardan ne haber?

Oh, onlar bitti. Şimdi artık koloniye yardım edeceğim. Hepimizin yardım edebileceğimizi söyledi, Baba!

İzciler

Louis çalışmalarının doğru yolda olduğunu gösteren kanıtlara ihtiyaçları olduğuna karar verdi, hem de bu kanıtları çok çabuk sunmaları gerektiğine. Bu yüzden attığı bir sonraki adım, Fred'e atletik ve çok hevesli izcilerin arasından küçük bir elit grup seçmesini, onlara birbirlerine uyan programlar yapmasını ve onları geleceğin yeni yurtlarını aramaya yollamasını söylemek oldu.

Şef Penguen, Fred'e, "Koloninin ilerleme kaydettiğimizi mümkün olduğu kadar çabuk görmesi gerekiyor," dedi, "ve biz de, izcilerin kendilerini korumaları için ne gerekiyorsa tasarlamalarına ve icat etmelerine, akla yakın her şeyi yaparak yardımda bulunmalıyız. O kuşların her birinin sağ salim ve en kısa zamanda eve dönmeleri son derece önemli. Bir tek kuş bile kaybolacak olursa, endişe artar ve NoNo'nun haber verdiği tehlikelere inananlar çoğalır. Unutma, izcilerin yeni bir yurt seçmelerine gerek yok, bize, sadece, elverişli görünen birkaç yer bulsunlar yeter."

İzciler örgütlendi ve ertesi gün yolcu edildiler. Fred iyi bir seçim yapmıştı. Güçlü kuvvetli, zeki ve çok hevesliydiler.

Hayat çok sıkıcı. Bu çok EĞLENCELİ.
Yardım etmeliyim...
Jane benimle gurur duyacak.

Buzdağımız Eriyor

Şimdi koloninin karşısındaki en güç mesele evlerine döndükleri zaman yorgun ve aç izcileri beslemek için yeterli miktarda balık toplayabilmekti. Her birinin derhal doyurucu bir yemeğe ihtiyacı olacaktı – bu onar kilo balık demekti, inanılmaz ama, bir penguen bir oturuşta kolayca on kilo balık yiyebilir.

Fakat... kolonide çok eski bir geleneğe göre kuşlar (1) yiyeceklerini çocuklarıyla paylaşırlardı, (2) yiyeceklerini SADECE çocuklarıyla paylaşırlardı.

Öyleyse izciler için kim balık tutacaktı?

Pratik çözümler bulmak için yapılan kısır tartışmalara küçük anaokulu öğrencisi, Sally Ann, "Kahramanlar Günü" buluşuyla son verdi.

Kahramanlar Günü Kutlamaları kapsamında bir çeşit eşya piyangosu, bir bando konseri, ve bir bitpazarı olacaktı. Görülmedik giriş ücretiyse adam başına iki balıktı.

Küçük kuşlar bu bayram gününü anne ve babalarına anlattılar. Tahmin edeceğiniz gibi bazı zihni çok meşgul ebeveynler ne işittiklerini doğru dürüst anlayamadılar, bazıları bu fikirden hiç hoşlanmadılar ve bazıları da izcilerin yola çıkmış olduklarının farkında bile değildiler. Bununla beraber birçoğu kötü bir zamanda yaratıcı oldukları için çocuklarıyla gurur duyuyordu.

Gelgelelim, ana babalar biraz tuhaf olmuşlardı. " Kendi çocuklarından başkası ile yiyecek paylaşılmaz" çok eski bir gelenekti. Bu yüzden zekâ küpü küçükler eğer (1) anne ve babaları Kahramanlar Günü'ne gelmezlerse ve (2) giriş ücreti olarak adam başına iki balık getirmezlerse, çok fazla utanacaklarını açık seçik belli ettiler.

Birkaç ebeveyn yumuşayıp balık getireceklerini bildirince, diğerleri de öyle yapmaları gerektiğine karar verdi. İnsan kolonilerinde olduğu gibi penguen kolonilerinde de sosyal baskının etkisi çok güçlüdür.

Louis Kahramanlar Günü'nün izcilerin dönüş zamanına rastlamasına özen gösterdi. Sabahın erken saatlerinden akşama kadar süren bu sosyal olay şaşılacak derecede başarılı geçti. Oyunlar, bando konseri, eşya piyangosu ve diğer etkinlikler küçük büyük herkes için çok eğlenceli olmuştu. Ama heyecan akşamüstü doruğa çıktı, çünkü kuşlar izcilerin dönüşünü beklemeye başlamışlardı.

NoNo izcilerin yarısının asla dönemeyeceğini söyleyerek kehanette bulundu. Onu dinleyen kimi bulduysa "balinalara yem" olmaktan başka bir işe yaramayacaklarını bildirdi. "Sersemler yollarını kaybedecekler," dedi. Bazı kuşlar "evet" anlamında başlarını aşağı yukarı salladıklarından bu sözlerini tekrarlayıp duruyordu. NoNo'da insaftan eser yoktu. O gün her zamankinden daha çok çalıştı. Senelerdir o gün çalıştığı kadar çok çalışmamıştı.

NoNo'nun yadırganan davranışları olmasa bile kolonidekilerin bazıları zaten çok tedirgindi. Bazıları hâlâ iddia edilenlerden şüphe ediyordu. Bütün bunlar günün sonunda gerilimin artmasına neden oldu.

Birbiri ardınca izcilerin hepsi döndüler. Birkaç tanesi ölümün eşiğindeymiş gibi görünüyordu ve bir tanesi de ciddi şekilde yaralanmıştı. Alice izcilerin dönüşünü herhangi bir yaralanmaya karşı iyi organize edilmiş bir sağlık ekibiyle birlikte beklediği için hemen ne gerekiyorsa yapıldı.

İzciler gelir gelmez deniz, uzun mesafe yüzüşleri ve gördükleri yeni buzdağları hakkında penguenleri hayretlere düşüren hikâyeler anlatmaya başladılar. Herkes onların etrafında toplanmıştı.

Çok acıkmış olduklarından bir yandan da, çabucak ve mutluluk duyarak diğer penguenlerin panayıra getirmiş oldukları balıkları yediler. Fred'in gönüllülerinin yapmış olduklarından dolayı çok heyecan duydukları midelerini tıka basa doldururlarken bile anlaşılıyordu. Yemeklerini bitirince, Sally Ann ve küçük arkadaşları onların boyunlarına madalyalar takmış oldukları kurdeleler bağladılar. Üstlerinde sadece KAHRAMAN yazan bu madalyaları çocuklar parlak buz parçalarından kendi başlarına yapmışlardı.

Kalabalık alkışlayıp "bravo" diye bağırdı. İzcilerin ağızları kulaklarına varıyordu (en azından bir penguenin gülümseyebileceği kadar gülümsediler).

Louis bu bayram gününün düzenlenmesine yol açan olayları başlatan çocuğu yanına çağırdı. Koloninin önünde, "Ve bu da en genç kahramanımız için," diyerek Sally Ann'a kuşlara ilk gösterildiği andan beri adeta efsaneleşmiş olan kırık şişeyi armağan etti. Kalabalık yine coşkuyla alkışladı.

Çocuk küçücük sevinç gözyaşları döktü. Anne ve babasının göğüsleri gururla kabarmıştı. Alice yıllardır hiç bu kadar mutlu olduğunu hatırlamıyordu.

Konuşmalar çocuklar yatırıldıktan sonra da uzun zaman, gecenin geç saatlerine kadar sürdü. Kolonideki birçok penguen izcilerin anlattıklarına hayret etmeye devam ediyordu – ikinci hatta üçüncü kez anlatılmış oldukları halde. Göçebe bir hayat fikrini şüpheyle karşılamış olan kuşların çoğu eskisi kadar şüpheci olmadıklarını fark ettiler. İstekli olan kuşların hevesi arttı. Bir kere daha, sabır tüketici şartlar altında, koloni ileriye doğru önemli bir adım atmış oldu.

Fred ve izciler (işletme yüksek lisansı yapmış olduğu izlenimi veren bir kuşun dediği gibi) "bir kısa dönem kazancı" yaratmayı başarmışlardı. Kazanmış oldukları bu "kısa sürede kazanılan zafer" büyük bir zaferdi.

NoNo hiçbir yerde görülmüyordu. Sanki sihirli bir değnek onu yok edip yerine boyunlarına bağladıkları kurdelelerin ucundaki madalyaları pırıl pırıl parlayan izcileri koymuştu.

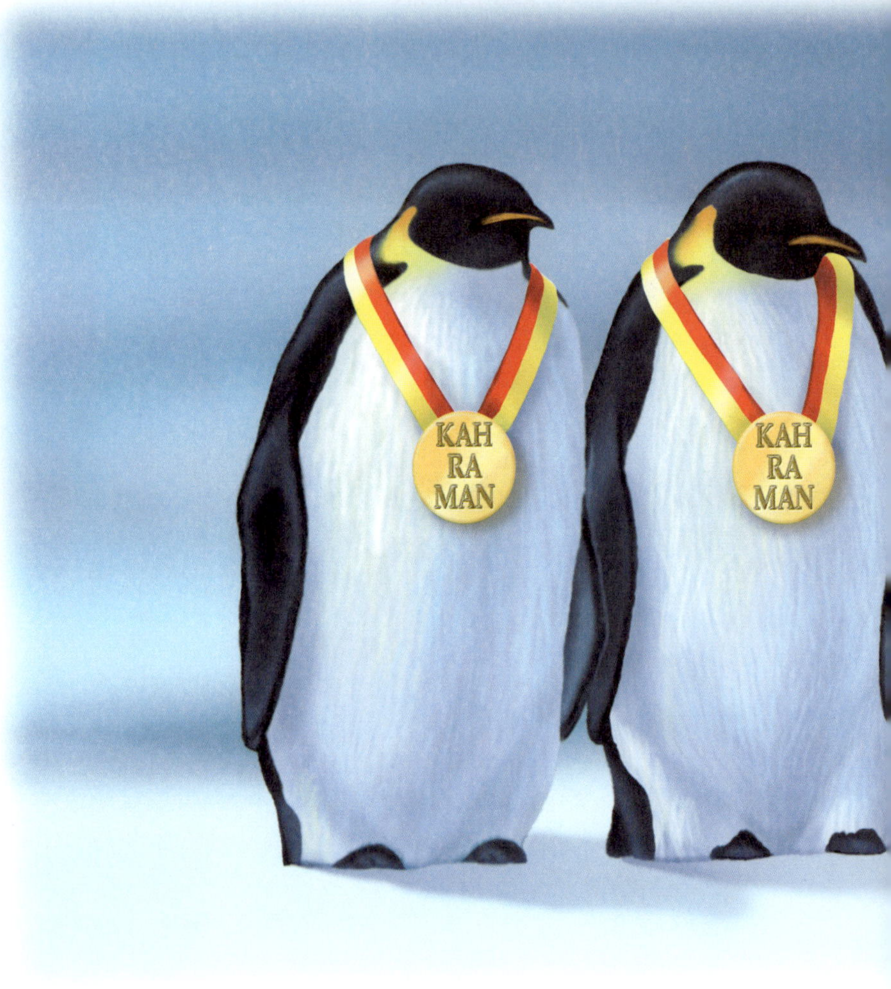
KAH
RA
MAN
KAH
RA
MAN

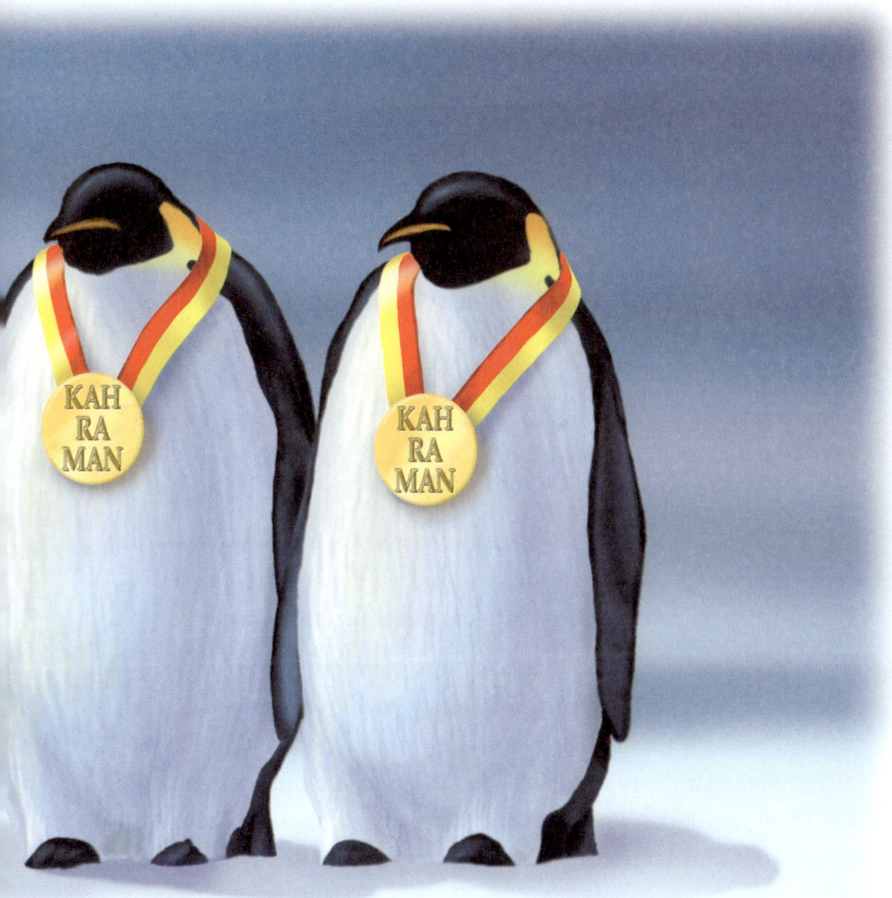
KAH
RA
MAN
KAH
RA
MAN

İkinci Dalgalanma

Ertesi sabah, Louis izcileri toplantıya çağırdı. Profesör de davet edilmişti.

Şef Penguen kuşlara, "Ne öğrendiniz?" diye sordu. "Görmüş olduğunuz buzdağlarından hangileri yeterli büyüklükte, yıpranmamış ve kışın yumurtalarımızı koruyabilecek kadar iyi durumda, aynı zamanda çocuklarımızın ve yaşlılarımızın tehlikeden uzak bir şekilde yolculuk yapabilecekleri kadar yakın?"

İzciler keşfetmiş oldukları uygun görünen birkaç buzdağını tartıştılar. Profesör gerçekleri düşüncelerden ayırabilmek için soru üstüne soru sordu. Yöntemi kuşların hiçbirinin hoşuna gitmedi – Profesör'ün umurundaydı sanki – ama istenilen sonucu verdi.

Bir yurt kurmaya elverişli olanların arasından tek bir buzdağı seçmek görevi aşırı zor ve yorucu olabileceği ve özen göstermek gerektireceği halde, Kahramanlar Günü'nden sonra ikinci sefere çıkacak izci grubuna katılmak için daha çok kuş gönüllü oldu. Louis bu gönüllülerin arasından bir takım seçerek onları ilk takımın keşfetmiş olduğu umut uyandıran buzdağlarını araştırmaya gönderdi.

Kolonideki şüphecilerin çoğunun kuşkuları gittikçe azalıyordu. Bazı kuşların hâlâ kendilerine sakladıkları şüpheleri vardı, ama bunların çoğu mantıklı sakınganlıklardı. Birkaç kuş da doğuştan ürkek ve çekingen oldukları için ihtiyatlı davranıyorlardı.

John Kotter - Holger Rathgeber

NoNo'ya artık hemen hemen hiç kimse aldırış etmiyordu.

Alice iş temposunu düşürmeme konusunda çok katıydı. Liderlik Konseyi'nden bazıları ortaya çıkan meselelerin hepsiyle ilgilenecek zamanları olmadığından şikâyet ettiler. Alice geleneksel Liderlik Konseyi toplantılarının yarısının önemli konularla ilgisi olmadığına dikkati çekti. Pervasızca, "Onları iptal edin," dedi. Louis de iptal etti.

> **Ama bu ya... ve şu da ya. Oh, gerçekten çok zor.**

> **Eeeee, kimse bunun kolay olacağını söylemedi!**

Buzdağımız Eriyor

Bir noktada Şef Penguen bile doğru adımın biraz yavaşlamak olabileceğini önerdi. Fakat Alice kabul etmedi.

"Devamlı cesaretimizin kırılması tehlikesi içindeyiz. Bazı kuşlar gelecek kışa kadar beklememiz fikrini ileri sürmeye başladılar bile. O zaman da, eğer hâlâ yaşıyorsak, tehlikenin abartılmış olduğunu ve hiçbir değişiklik gerekmediğini söyleyecekler."

İyi bir noktaya değinmişti.

İkinci izci takımı şu nedenlerden ötürü yerleşmeye elverişli görünen bir buzdağı bulmuş olarak döndü:

- Yurt tutabilecekleri güvenli bir yerdi. Erime işaretlerine ve su dolu mağaralara rastlanmamıştı.
- Üstünde onları buz gibi fırtınalardan koruyacak yüksek bir kardan duvar vardı.
- İyi balık avı sahalarına yakındı.
- Göç ederken izlenecek yolun üstünde küçüklerin ve en yaşlı penguenlerin yolculuk esnasında biraz dinlenebileceği birçok küçük buzdağları ve düz buz parçaları olduğu görülmüştü.

Eve dönen izciler bu keşiflerinden dolayı gururlu, heyecanlı ve çok mutluydular. Kolonin geri kalanı da onları tekrar görebildikleri için gururlu, heyecanlı ve çok mutluydular.

Artık izciler için balık avlamak normal, rutin işlerden sayılmaya başlamıştı. Birçok kuş katkıda bulunuyordu. Bütün bunlar oldukça şaşılacak gelişmelerdi.

Profesör'den yeni bulunmuş olan buzdağının bilimsel değerlendirmesini yapması istenmişti. Bu görev konusunda çok hevesli görünmüyordu çünkü şişman bir kuş için kısa bir yolculuk değildi.

Fakat Louis ile sakin geçen (ve Alice ile o kadar sakin geçmeyen) bir konuşmadan sonra, bir grup izciyle birlikte gitmeye hazır olduğunu bildirdi. Ve sözünde durdu.

Bu arada koloni yeni küçük penguenler yapmak gibi, başka önemli ama hoş, rutin işlerle uğraşıyordu.

Pete, uzaktayken buzdağımızı özledin mi?

Hayır, ama...

Seni özledim Jane.

Sonra mayısın on ikisinde, Antarktika kışı başlamadan hemen önce, yeni yurtlarına göç etmeye başladılar. Bir saniye bile geç kalınamazdı.

Göç zaman zaman karmakarışık bir hal alabiliyordu. Bir noktada, birkaç kuşun kaybolduğunun fark edilmesi paniğe yol açtı. Ama çok geçmeden o kuşlar yollarını bulup diğerlerinin yanına dönebildiler. Çoğu zaman her şey ümit edilebileceği kadar yolunda gitti.

Louis'in etkili ve sonuç veren liderliğine bütün koloni hayran kalmıştı. Herkes tarafından çok beğeniliyor ve takdir ediliyordu. Louis'in başarılarından biri de tüm bu yaptıklarından duyduğu gururun kibre dönüşmesine izin vermemek oldu.

Buddy sevecenliğiyle endişeli olanları yatıştırdı, yılmış olanlara cesaret verdi, aklı başından gitmişleri sakinleştirdi, ve herhalde en az on tane dişi kuşu daha kendine aşık etti (ama şimdi bu konunun ayrıntılarına girmenin sırası değil).

Ortaya çıkan yeni bir problem için kimse bir çözüm yolu bulamazsa, sağgörülü yaratıcılığını göstermesi için Fred'i çağırıyorlardı.

Profesör kolonideki yeni pozisyonundan ve kazandığı saygınlıktan çok memnundu. Hatta beyinsiz addettiği kuşların kendisine hayranlık duymasından, tuhaf bir şekilde, çok hoşlandığını keşfetti.

Alice günde sadece üç saat uyuyarak yaşamayı başarmış görünüyordu.

Ve NoNo en sonuna kadar kıyamet tellâllığı yapmaya devam etti.

Kış geçti. Koloninin problemleri vardı. Yeni yurtları değişikti, en iyi av sahaları alışık olmadıkları yerlerdeydi, buzdan duvarlara çarpan rüzgârlar ansızın ummadıkları bir yöne sekiyorlardı. Fakat bu problemler endişeli kuşların korkmuş olduğu kadar büyük sorunlar değildi.

Ertesi mevsim, izciler daha da iyi bir buzdağı buldular, daha büyüktü ve daha zengin av sahaları vardı. "Koloni yeteri kadar değişikliğe maruz kaldı, artık sonsuza dek yeni yurdumuzda oturmalıyız," demek çok çekici geldiyse de, demediler. Tekrar göç ettiler. Bu çok kritik bir adım olmuştu: hallerinden memnun duruma gelmemeyi ve yumuşamamayı; gevşememeyi seçmişlerdi.

Tahmin edeceğiniz gibi ikinci göçün hazırlıkları daha öncekiler kadar sarsıntı yaratmadı.

— Yarın işte oraya taşınacağız!

— Yine mi? Burası o kadar güzel ki?

Etrafta bol balık olduğu sürece kimin umurunda...

İzci olmaya BAYILIYORUM

En Olağanüstü Değişim

Gayet mantıklı olarak öykümüzün bitmiş olduğunu düşünebilirsiniz. Ama henüz sona ermiş sayılmaz.

Bazı kuşlar nasıl bu kadar mükemmel bir buzdağı bulmuş olduklarından bahsetmeye başladılar ve bundan dolayı...

Gelenekler çok zor ölür, yani yok olurlar. İnsan kolonilerinde olduğu gibi penguen kolonilerinde de kültür güçlükle değişir.

Alice, Louis'i Liderlik Konseyi'nde devrim yapmaya ikna etti. Louis senelerdir koloniye yardım ve hizmet etmek için çok çalışmış olan bu kuşlara saygısızca davranıldığını gösterecek bir şey yapmış olmak istemiyordu, oysa yeni atamaları, görev değişikliklerini hepsinin saygınlığını koruyarak yapmak kolay bir iş değildi. Fakat Alice üsteliyordu ve Alice üstelediği zaman, eh, ne olduğunu biliyorsunuz.

İzciler için çok çetin bir seçim yöntemi belirlendi. Aynı zamanda onlara daha fazla balık tahsis edildi ve koloni içindeki pozisyonları daha yüksek bir seviyeye getirildi.

Penguen öğretim ve eğitim sistemi müfredat programındaki zorunlu derslere "İzcilik" dersini eklendi.

Hava tahmini amiri görevini Profesör üstlendi. Önceleri biraz gönülsüzdü, ama içine "gerçek bilim" katınca işini çok sevmeye başladı.

Fred'e Liderlik Konseyi'nde İzci Başkanı olarak görev yapması önerildi. Kendisine gösterilen saygıdan onur duyan Fred görevi kabul etti.

Buddy'e bir sürü önemli iş teklif edildi, o hepsini geri çevirdi ama Liderlik Konseyi'ne başka iyi adaylar bulması için yardım etti. Ondaki bu başarma isteği eksikliği büyük bir alçakgönüllülük olarak görüldü ve kuşlar onu eskiden olduğundan daha çok sevmeye başladılar.

Bugün koloni göçebeler gibi oradan oraya dolaşıyor. Çoğu bu durumu kabullendi. Bazıları çok seviyor. Bazıları da hiç sevemeyecek.

Louis emekliye ayrıldı, bütün koloninin büyükbaba sembolü olup, boş vaktini umduğundan daha çok eğlenerek geçirmeye başladı. Şimdi biraz daha dengeli olan Alice, Şef Penguen olarak onun yerine geçti.

Zaman geçtikçe koloni kuvvet bularak büyüdü, bolluk ve rahatlık içinde yaşamaya başladılar. Çoğaldıkça çoğaldılar. Yeni tehlikelerle başa çıkma konusunda ustalaştılar. Bu becerinin en azından bir kısmını erime macerası sırasında öğrenmiş olduklarına borçlular.

Büyükbaba Louis koloninin bir numaralı öğretmeni oldu. Çocuklar durmadan ondan Büyük Değişim öyküsünü anlatmasını isteyip duruyorlar. Önceleri isteksizdi, gerçek veya kendi hayal gücünün ürünü olan, geçmiş başarılarıyla övünen bir emektar şef gibi görünmekten korkuyordu. Ama sonunda, yavruların koloninin atmış olduğu belirli adımları öğrenmesinin önemini gördü – ilginç ve eğlendirici bir üslûpla hikâye edilerek elbette.

Buzdağımız Eriyor

Yavrulara Fred'in buzdağının eridiğini nasıl keşfettiğini anlattı. Sonra, nasıl 1) bu güç problemle uğraşmak için kolonide bir âcil durum havası yaratarak, derhal bir şeyler yapmanın zorunluluğunu kaçınılmazlığını hissetmelerini sağladıklarını, 2) dikkatle seçilmiş bir gruba değişimi yönlendirme ve yönetme sorumluluğunu verdiklerini, 3) akla yakın daha iyi bir gelecek vizyonunu bulduklarını, 4) bu vizyonu anlayıp kabul etsinler diye diğerlerini de bilgilendirdiklerini, 5) ellerinden geldiği kadar çok engeli kaldırıp çalışmaların önünü açtıklarını, 6) süratle bir çeşit başarı kazanılmasını gerçekleştirdiklerini, 7) yeni yaşam biçimi iyice yerleşene kadar asla yumuşamadıklarını, gevşemediklerini ve 8) son olarak, inatçı, zor değişen veya yok olan geleneklerin gerçekleştirmiş oldukları değişikliklerin hakkından gelmemesini, gerekli önlemleri alarak sağlama bağladıklarını açıkladı.

Öyküsünü anlatırken Louis pek açık seçik söylemediyse de en olağanüstü, hepsinden üstün değişimin, kolonidekilerin çoğunun değişimden nasıl korkmamaya başladıkları, yeni koşullara güzelce alışabilmek için gereken belirli adımları öğreniyor olmaları, daha ve daha da iyi geleceklere atılmayı sürdürebilsinler diye nasıl beraberce uyum içinde çalıştıkları olduğuna inanıyordu.

Sabık Şef Penguen küçüklerin bile koloniye yardım etmek için yaptıklarına özellikle hayran kalıyordu. Ve bunun için hepsini daha da çok seviyordu.

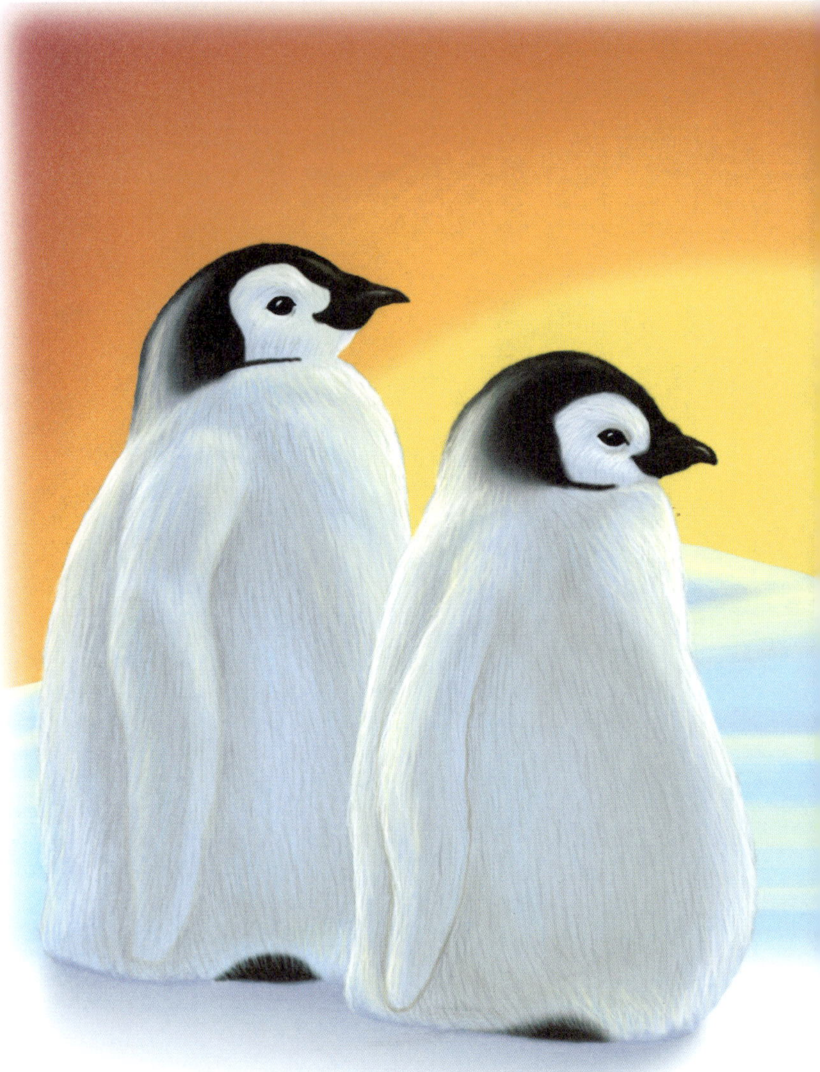

❄ ❄ ❄

SON
(öykünün sonu, kitabın değil)

❄ ❄ ❄

Değişime Hoşgeldiniz

Değişim uğraşında başarılı olursanız, refah içinde yüzersiniz. Değişimle başa çıkamazsanız, hem kendinizi hem de başkalarını tehlikeye atmış olursunuz.

Çoğu kez insanlar ve organizasyonlar değişime ihtiyaç olduğunu görmezler. Ne yapılacağını doğru olarak tespit etmezler veya başarıyla sonuçlandıramazlar veya devamını sağlayamazlar. İşyerleri yapamaz. Okullar yapamaz. Ülkeler yapamaz.

Değişim mücadelesini senelerce inceledik. Çok zeki insanların bile içine düşebileceği tuzakları biliyoruz. Grup başarısı sağlayan adımları biliyoruz. Ve bulduklarımızı size göstereceğiz.

Yöntemimiz anlatmaktan ziyade göstermektir, hem de yüzyıllardır diğer tekniklerin hepsinden daha çok sayıda insanın öğrenmesine yardım etmiş olan bir yöntemle, fabl ile göstermektir.

Fabllar ciddi, karışık, yıldıran konuları alıp açık seçik ve anlaşılır bir dille anlattıkları için çok güçlü olabilirler. Bugünün bilgi bombardımanları çoğu kez yarın hemen unutulduğu halde bu hikâyeler hatırda kalır, düşünmeye özendirir, önemli dersler öğretir ve herkesi – genç veya yaşlı – o dersleri kullanmaya heveslendirir. Modern, yüksek teknoloji dünyamızda, bu basit ama çok derin anlamı olan gerçeği kolayca gözden kaçırabiliriz.

Buzdağımız Eriyor

Okuduğunuz fabl John Kotter'in ödül kazanmış olan başarılı değişim gerçekten nasıl olur konulu araştırmasından esinlenerek yazıldı. Hikâyedeki temel meselelerle hepimiz karşılaşırız. Bu problemlerin sonuç veren çözüm yollarınaysa pek azımız rastlar.

Eğer hikâyemizin geçtiği yeri – Antarktika'yı - iyi bilirseniz, penguenlerimizin hayatının bir National Geography belgeselinde göründüğü gibi olmadığını anlarsınız. Fabllar işte böyledir. Eğer resimli ve eğlenceli bir hikâye küçük çocuklar içindir diye düşünüyorsanız, biraz sonra bu kitabın organizasyonlarda hemen hemen herkesi engelleyen gerçek-hayat problemleri hakkında olduğunu fark edeceksiniz.

Değişmek ve Başarmak

Fabllar eğlenceli olabilir ama güçleri, penguen öyküsünde olduğu gibi, daha akıllı davranmanıza yardımda bulunmalarında gizlidir: daha üretken ve başarılı olmanıza, kafanızı toplayıp sağlıklı düşünmenize, gerginliğinizin azalmasına ve etrafınızda neler olup bittiğini anladığınız için her şeyi kontrol edebildiğinizi hissetmenize.

Bazı insanların kafaları derhal bizim penguen masalı üzerinde çalışmaya başlayarak, kuşların kullanmış oldukları akla yakın yöntemleri görür, kişisel deneyimlerini o yöntemlerin ışığı altında gözden geçirir ve daha iyi bir gelecek olanaklarının farkına varır. Fakat kafası böyle işleyen insanlar da dahil herkes daha bilinçli düşünce, tartışma ve rehberlikten yararlanabilir.

Yazılım mühendislerinden üst düzey yöneticilerine, ev kadınlarından papazlara, lise öğrencilerinden emeklilere kadar birçok insan istediklerini ve kuruluşlarının onlardan beklediklerini daha iyi yapabilmek, daha çok başarı elde edebilmek için penguen öyküsünü bilinçli olarak kullandılar. Bu işlemi siz de kendi şartlarınıza uyarlayabilirsiniz.

İlk önce, öyküyü okuyun ve üzerinde düşünün. Birkaç defa okumaktan daha fazla yararlanabilirsiniz. Bu kısa masalımıza ne kadar çok şey sığdırılmış olduğuna şaşıracaksınız.

Buzdağımız Eriyor

Öykünün hemen akla getirdiği soruları kendinize sorun: Eriyen bir buzdağı veya eriyebilecek bir buzdağı üzeride mi yaşıyorum? Eriyen buzdağları türlü şekillerde olabilirler: eskiyen üretim hatları, çağdaşlığını yitiren okullar, kalitesi düşen hizmetler, akılla ve mantıkla açıklanması gittikçe zorlaşan bir şirket stratejisi, gerçekleşme olasılığı azalmakta olan yeni bir strateji. Şöyle sorun kendinize: Etrafımdaki NoNo'lar kimler? Alice'ler ve Fred'ler kimler? Ben kimim?

Sekiz Adım Başarılı Değişim Yöntemi

Hazırlık Yapınız

1. Acil Durum Hissi Yaratınız.
   Değişim gerektiğini görebilmeleri ve hiç vakit geçirmeden harekete geçmenin önemini anlamaları için diğerlerine yardım ediniz.
2. Yol Gösterecek Takımı Kurunuz.
   Değişimi kılavuzluk ederek yönetecek güçlü bir grup olduğundan emin olunuz – liderlik becerilerine sahip, sayılan ve güvenilen, iletişim kurabilme yeteneği olan, otorite sağlayan, analitik becerileri bulunan ve çabuk davranma zorunluluğu hisseden.

Ne Yapılacağını Kararlaştırınız

3. Değişim Vizyonunu ve Stratejisini Oluşturunuz.
   Geleceğin geçmişten ne kadar farklı olacağını ve o geleceği nasıl gerçekleştirebileceğinizi açık seçik gösteriniz.

Gerekeni Yapınız, Gerçekleştiriniz

4. Herkesin çok iyi anlamasını ve kabul etmesini, iletişim kurarak sağlayınız.

Vizyonu ve değişimi mümkün olduğu kadar çok sayıda kişinin anladığından ve kabul ettiğinden emin olunuz.

5. Diğerlerini harekete geçmeleri için güçlendiriniz.

Mümkün olduğu kadar çok engeli ortadan kaldırınız ki, vizyonu gerçeğe dönüştürmek isteyenlerin yolu açılsın.

6. Kısa süreli kazanımlar yaratınız.

Mümkün olduğu kadar çabuk kolayca görülebilen ve anlaşılabilen başarılar elde ediniz.

7. Gevşemeyiniz, yavaşlamayınız.

İlk başarılardan sonra çalışma temposunu hızlandırınız. Daha çok direniniz, üsteleyiniz. Vizyon gerçek olana dek ardı ardına değişim başlatmaktan asla vazgeçmeyiniz.

Kalıcı Olmasını, İyice Yerleşmesini Sağlayınız.

8. Yeni Bir Kültür Yaratınız.

Eski geleneklerin yerlerini alacak kadar güçlendiklerinden ve başarıyla onların yerini tutabildiklerinden emin olana kadar yeni davranış biçimlerine sıkı sıkıya tutununuz ve uygulayınız.

Ne Diyorlar?

"Buzdağımız Eriyor muhteşem bir eser. Geniş bir okuyucu kitlesine yardım edebilecek güçlü mesajlar içeriyor. Değişen bir dünyada, meselenin özüne inmekten, güçlü şampiyonun yanında yer almaktan, rotayı çizmekten plânı kabul ettirmeye, değişim istemeyenleri yola getirmeye kadar başarıya götüren adımları ve benzeri tüm diğer adımları kapsıyor."

— *CHRIS HAND*
CITIGROUP GLOBAL MUHASEBE MÜDÜR YARDIMCISI
AVAYA CORPORATION

"Buzdağımız Eriyor'u mayıs ayında rastlantı sonucu buldum. Haziran ayında altmış kitap sipariş verip dağıttım. Değişim girişimimiz üzerindeki etkisini değerlendirdikten sonra eylül ayında beş yüz tane daha ısmarladım. Bu kitap bir hazine.

— *HEIDI KING*
PROGRAM MÜDÜRÜ, SAVUNMA BAKANLIĞI

"Bu görmüş olduğum en-kolay-okunan ama en çok bilgi veren kitap. Yönetimin karşılaştığı en büyük zorluklardan birini – 'Ne problemi? Ben bir problem görmüyorum' zihniyetini – eriyen bir buzdağındaki azimkâr bir penguenin karşısına çıkarmak halis bir deha işaretidir.

— *MICHAEL DIMELOW*
MÜDÜR, ÜRÜN PAZARLAMA
TTP COMMUNICATIONS PLC

Buzdağımız Eriyor

"Klâsik Fransız eserlerinden biri olan Küçük Prens ile ilk defa Fransa'da küçük bir çocukken tanıştırıldım. Üniversite yıllarımda bu olağanüstü kitabı tekrar okudum, olgunluğa erişmiş bir kimse olarak da bir çok kez okumuş bulunuyorum. Büyümeye ve düşünmeye devam etmemi sağlayan bir kitaptır. Buzdağımız Eriyor'un yirmi birinci yüzyılın Küçük Prens'i olacağını görebiliyorum."

— *STEPHAN BANCEL*
GENEL MÜDÜR, ELI LILLY, BELÇİKA

"On beş yaşındaki kızım beni Buzdağımız Eriyor'u okurken gördü ve ben kitabı çalışma odasında bırakınca alıp okumaya başladı. O bitirince, eşim de okudu. Sonra, hepimiz kitap hakkında konuştuk. Bilhassa kızımızla değişme problemlerini tartışırken kullanabileceğimiz, söylemek istediklerimizi çok iyi ifade veya ima etmemize yardım edecek ve mükemmel iletişim kurmamızı sağlayacak bir öykümüz oldu sanıyorum. Kolayca hatırda kalan, hemen göze çarpan ve dikkat çeken bir başvuru kaynağı. 'Yapışkanlık' özelliği olduğundan unutulması çok zor."

— *Dr. PETER Z. ORTON*
PROGRAM MÜDÜRÜ, ÖZEL PROJELER
IBM ON DEMAND LEARNING